KB261410

이숙정의 하버드 프로젝트

이숙정

이숙정의 하버드 프로젝트

초판 1쇄 발행 2002년 3월 25일
개정판 1쇄 발행 2009년 2월 10일
개정판 5쇄 발행 2018년 11월 10일

지은이 이숙정
펴낸이 박민우
기획팀 송인성, 김선명, 박종인
편집팀 박우진, 김영주, 김정아, 최미라, 전혜련
관리팀 임선희, 정철호, 김성언, 권주련

펴낸곳 (주)도서출판 하우
주소 서울시 중랑구 망우로68길 48
전화 (02)922-7090
팩스 (02)922-7092
홈페이지 http://www.hawoo.co.kr
e-mail hawoo@hawoo.co.kr
등록번호 제475호

값 9,500원
ISBN 978-89-7699-594-0 03040

이숙정의 하버드 프로젝트

이숙정

도서출판 夏雨

생명이 있는 것만큼 아름답고 귀한 것은 없습니다.

꽃과 나비, 새와 물고기 어떤 것 하나라도 가만히 들여다보면 참 어여쁩니다. 그 중에서 사람만큼 오묘하며 신비한 것도 없을 것입니다. 왜냐하면 사람은 꽃과 새처럼 순백의 생명을 얻어 세상에 태어나지만 죽을 때는 여러 가지 모습으로 이 세상을 떠나니까요.

성경에 '민물보다 거짓되고 심히 부패한 것은 마음이라.'는 말이 있다고 합니다. 그만큼 사람은 부패성향을 지녔다고 할 수 있습니다. 그렇지만 사람이야말로 만물 위에서 가장 빛나고 영화로울 수 있는 존재이기도 합니다. 그것은 무엇보다 교육의 힘이 아닐까요?

교육의 힘은 사람의 가치를 높이는 일입니다. 여기 이숙정 선생님이 훌륭하신 것은 세 자녀 모두가 하버드나 MIT에 들어가서가 아닙니다. 그들 개개인이 지닌 가치를 어머니가 미리 발견하여 자녀 스스로 본인의 가치를 보고 꿈꾸며 실현하도록 도운 일차적인, 참된 교육자이셨기 때문입니다.

가치를 깨닫게 하고 삶을 사랑할 수 있는 동기를 부여할 수 있는 교육만큼 지금 우리들에게 필요한 것도 없습니다. 이 책은 무엇이 중요한 가치인지 몰라 시행착오를 겪고 있는 많은 부모들에게 방향 정립을 하는 데 크게 한몫할 것으로 기대됩니다.

이시형 (정신과전문의, 삼성사회정신건강연구소장)

미국에 사는 동안 한국과 미국의 가치관과 생활 의식이 다른 이중문화 속에서 3남매를 키우면서, 동양과 미국 문화와의 조화와 가족의 화목을 바탕으로 어려운 문제들을 극복하면서 살아왔다.

나는 아이들의 교육의 결과가 미래에 어떠한 결실을 가져올 것이라는 기대 하나에만 집착해서 교육하지 않았다. 그 결과에 앞서 가족이 한마음이 되어 오늘보다는 더 기쁘고 행복한 미래를 꿈꾸며, 설레는 가슴으로 하루하루를 살아가는 삶을 값지게 생각하며 가정을 이끌어 왔다.

인간의 역사는 인간이 만들어 놓은 제도와 과학기술의 발달로 행복을 추구하고 있지만 인간의 참행복은 인간생활의 기본단위인 가정에서부터라는 것이 나의 생각이다. 부모는 가정이 아이들에게 이 세상에서 가장 편안한 안식처라는 의식을 갖도록 해주어야 한다. 특히 엄마에게는 자식에게 천국의 평화와 사랑을 베풀 수 있는 인내가 필요하다. 아이들이 성장하며 부딪치는 어려움, 좌절, 우울감, 고통 등을 가정에 돌아와서 마음껏 소리지르며 화를 낼 수 있는 그런 가정이 되도록 노력해야 한다. 아이들은 개개인이 사물에 대한 왕성한 호기심과 의욕을 갖고 태어난다. 아이들의 그 타고난 자질은 화목하고 평화로운 가정에서라야 그 꿈의 날개를 펴고 높은 희망을 품는다.

이 책을 쓴 가장 큰 이유 중의 하나는 인간생명의 참가치가 흩어지는 현대사회에 살고 있는 우리들에게 그 문제의 근본원인이 가정의 분산에서 연유한다는 나의 견해를 말하고 싶었다. 경쟁에서 이기는 것이 승리라는 삶의 패러다임에서 벗어나 참 행복한 가정을 출발점으로 하는 가치의식의 재발견이 진정한 행복의 시발점이라는 것을 말하고 싶었다.

한 가정의 딸로 태어나 내 부모로부터 한 인격체로 대접받을 수 있었던 소녀시절. 꿈을 갖고 열심히 공부하며 열정에 싸여있던 젊은 시절. 한 남자의 아내가 되어 남편과 함께 아이들을 키우며 살아온 한 여인의 세월. 아기를 낳고 세상과 부딪치며 살아온 엄마로서의 여인의 삶. 이렇게 여자는 세상에 태어나 그 상황이 극적으로 몇 번 바뀐다. 나는 이러한 여자의 극적인 삶의 변화에서 아기를 잉태하고 낳고 키우면서 엄마가 될 수 있었다는 것이 가장 소중하고 흐뭇하였던 세월이란 생각이 든다.

여자가 엄마가 될 수 있다는 것은 축복이다. 아이들이 있었기 때문에 세상의 유혹으로부터 이길 수 있었고, 나태로부터 일어설 수 있었으며, 젊음의 모습을 잃어 가는 비애의 늪으로부터 헤어날 수 있었고, 삶 속에서의 불만을 삼키며 인내심을 키울 수 있었다. 또한 사람들을 사랑할 줄 알고 사물을 포용하는 너그러움도 생겼으며, 무

엇보다도 아이들 때문에 신에게 기도드리는 숭고한 마음을 갖출 수
있었다.

　세 아이들은 나에게 참 많은 것을 주었다. 여자로서 엄마가 되어
누릴 수 있는 영광과 행복을 모두 안겨 주었다. 내가 그들의 엄마가
될 수 있었다는 것은 하느님의 축복이었다. 세상을 향해 자신있게
걸어가고 있는 희라, 희원, 희민이를 바라보면 내가 오래도록 미루
어 오던 못다한 숙제를 하고 난 후와 같은 편안한 느낌이 들며 무한
한 평온에 젖게 된다.

일산에서...

세 번째 장 즐거움과 봉사를 가르쳐라

18년 후의 데이트

– 하버드 조기 입학 –

고등학교 졸업반인 12학년 첫 학기가 9월에 시작되면 대학입학
원서를 제출하는 전쟁이 시작된다. 12학년 학생들에게는 육체적으
로도 피곤하고 심리적인 부담도 대단히 큰 시기이다. 12학년 초부터
SAT 성적이 우수한 학생들에게는 대학에서 전액 장학금을 제공하
겠다는 제안을 해오는 대학도 있다. 11학년 때 12학년을 제치고 전
교에서 수학과 물리를 제일 잘하는 최우수 학생으로 뽑힌 막내 희민
이는 한 이공계 대학에서 4년간의 학비 전액 장학금을 제안받기도
했다.

대학입학원서는 써야 할 원서의 양이 한국과 달리 매우 많고 복
잡하다. 대학입학원서 마감은 12학년 12월 말이며 합격 여부는 다음
해 4월에 그 결과를 알 수 있다. 조기 입학을 지원하는 학생은 12학
년 10월말이 마감이고 12월 15일에 합격 여부를 알게 된다. 조기 입
학을 지원하는 학생은 대부분이 모든 면에서 최고라고 인정받은 학
생들이다.

큰아이 희라는 12학년 12월 15일에 하버드 조기 입학(Early
Action)에 합격하였다. 다른 친구들은 아직도 원서전쟁으로 정신없
이 바쁠 때 희라는 시간적으로나 정신적으로 많은 여유가 생겼다.
음악활동을 분주히 하면서 좋아하는 그림도 그리며, 여유롭게 남은

고교생활을 보낼 수 있었다.

어느 날부터는 미술 선생님의 추천으로 건축설계 회사에 인턴으로 나가 일을 하기 시작했다. 고등학교를 졸업하고 대학이 시작되기 전 여름에는 본격적인 인턴사원으로 3개월간 일을 했다.

그 해 7월이 다 가고 있는 어느 날 희라는, "엄마, 8월 셋째 토요일은 아무 약속을 하지 말고 비워 놓으세요." 한다. 나는 아무 생각 없이 "그러마" 하고 대답해 놓고, 맘속으로는 희라가 대학교 갈 때 필요한 물건들을 엄마와 같이 마지막으로 장을 보러 가려나보다 라는 추측을 했다.

미국에서는 고등학교를 졸업하고 집을 떠나 대학으로 갈 때 한살림을 준비해 주어야 한다. 생활에 필요한 도구, 옷 등 준비해야 할 물건들이 의외로 많다. 엄마들은 이때를 마치 딸을 시집보낼 때 같다고 한다. 그러던 중 공교롭게도 8월 셋째 토요일에 남편의 아주 가까운 친구분의 아들 결혼식이 있다는 청첩장을 받았다. 딸아이와의 약속을 다른 날로 바꾸면 되겠지 하고 나는 결혼식에 참석할 준비를 하며 딸에게 양해를 구했다. 그러나 희라는,

"엄마, 저와의 약속이 먼저였으니까 결혼식에는 아빠 혼자 다녀오시도록 하세요." 하며 희라는 단호하게 말한다. 하는 수 없이 남편 혼자서 결혼식에 참석했다.

오후 4시쯤 큰아이가 "엄마, 마음에 꼭 드는 옷과 구두를 신으시고 핸드백을 드세요." 한다. 어리둥절해 하는 나를 차에 태우고는 부지런히 운전을 해서 맨해튼으로 갔다. 맨해튼의 센트럴 파크 파킹장에 차를 넣더니 센트럴 파크 안에 있는 〈Tavern on the Green〉이

라는 레스토랑으로 나를 데리고 들어간다. 웨이터와 몇 마디 나누더니 미리 예약해 놓은 듯 웨이터가 장미꽃이 만발하게 피어 있는 정원이 내다보이는 자리로 우리를 안내하는 것이었다. 아직도 어리둥절해 하는 나의 표정을 바라보며 큰아이는 웨이터에게 와인과 음식을 주문해 놓은 후, "엄마, 지금까지 저를 뒷바라지 하시느라고 너무 많은 수고를 하셨어요. 이제 제가 대학에 가면서 엄마에게 어떤 선물을 드리고 집을 떠나야 할지 오랫동안 생각했어요. 저희들을 키우시느라고 좋아하시는 음악회 한 번 안 가시고 집과 일터만 시계바늘처럼 왔다 갔다 하시는 엄마의 모습이 그동안 저의 마음을 아프게 하였어요. 엄마와의 아름다운 오늘 저녁을 위해 여름방학 동안 일하면서 3개월 전부터 계획해 놓고 열심히 저축했어요. 저녁 식사 후 링컨센터에서 8시에 오페라 카르멘을 시작하니까 저녁을 즐기실 수 있는 시간이 충분해요."라고 말한다.

링컨센터 중앙의 가장 좋은 자리에서 카르멘을 감상하며 내 손을 꼭 잡고 있는 희라의 체온으로부터 나는 지난날의 모든 이야기와 희라의 미래 꿈들에 대한 이야기를 들을 수 있었다.

오페라를 감상한 후 고풍스럽게 꾸며 놓은 커피숍으로 나를 안내해서 커피 한 잔을 앞에 놓고 마주앉은 희라는, "엄마, 그 동안 고마웠어요. 제가 하버드에 갈 수 있었던 것은 모두 엄마의 힘이었어요."라고 말하고는 그 다음 말을 잇지 못한다.

병원에서 첫딸을 낳아 안고 처음 데이트를 시작했는데 18년 후에 큰딸과 다시 데이트를 하면서 나는 나의 삶에 또 하나의 뿌리가 내려지는 기쁨이 마음속 깊은 곳에서부터 솟아오르고 있음을 느꼈다.

첫 번째 장

희망 실은 비행기

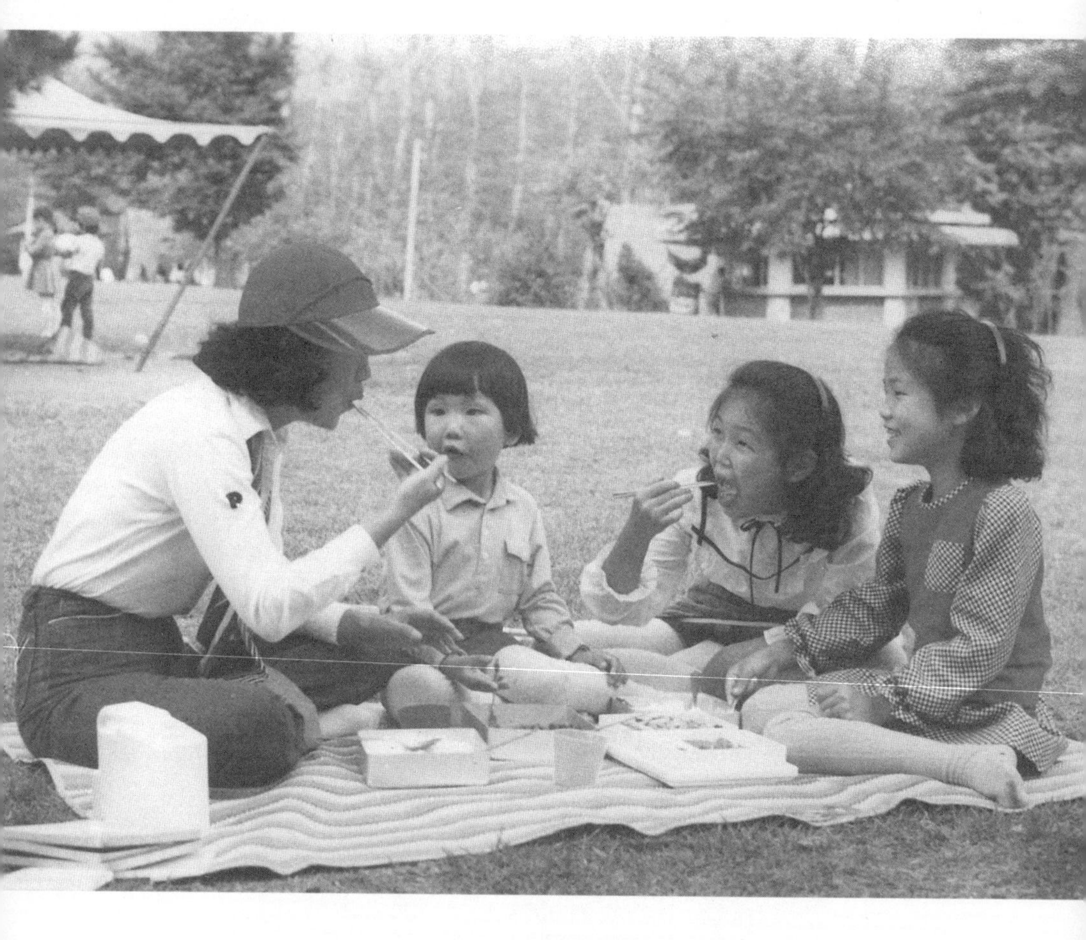

가장 소중한 만남

가을비가 내리는 어느 일요일 오후, 라디오에서 흘러나오는 시벨리우스(Sibelius)의 핀란디아(Finlandia)를 들으며 서울의 외곽도로를 달리고 있을 때, 운전대를 잡고 있는 남편의 옆얼굴을 바라보며 나는 조용히 물었다.

"당신은 당신의 인생에서 누구와의 만남이 가장 소중했어요?"

남편은 서슴없이 "당신과의 만남이었다."라고 대답하였고 곧이어 "당신은?" 하는 눈빛을 내게 보내왔다.

첫 아기의 출산을 기다리던 겨울. 나는 햇빛이 잘 드는 창가에 앉아 내 아기의 옷을 만들었다. 하얀 융을 떠다가 아기의 옷을 여러 벌 만들었다. 아기의 저고리는 손톱이 얼굴을 상하게 할 수 있으므로 소매를 길게 해야 한다. 겨울에 입힐 것은 두 겹으로 만들고 봄에 입힐 것은 한 겹으로 만들었다. 또 외출할 때 아기를 싸서 안을 포대기도 만들고 턱받이와 거즈 수건도 만들었다. 보드라운 아기살에 싱처가 날까봐 바느질 실 중에서 가장 가는 것을 골라 한 겹으로 쓰고, 실의 끝에는 매듭을 짓지 않고 옷감의 이음새는 되도록 얇고 가늘게 했다. 양말과 모자는 아기가 딸인지 아들인지 모르므로 중간색상의 털실로 떠 놓았다.

하얀 융에 반사되는 겨울 햇빛은 실내에 흐르는 조용한 음악과 조화를 이루었고, 한 여자를 '엄마'라는 이름으로 다시 태어나게 하신 하느님의 축복으로 그 빛은 더 아름다운 듯하였다.

여자가 임신을 하고 뱃속에서 자라는 아기의 태동을 몸으로 직접 느낄 수 있다는 것은 분명 하느님께서 주신 축복이다. 여자가 출산의 고통을 잊고 다시 아기를 가질 수 있음은 출산의 고통보다 태동을 통해 전해오는 신비함과 기쁨, 그 이상의 것이 무엇과도 비교될 수 없을 정도로 가장 큰 선물이기 때문일 것이다.

나의 친정아버님은 여자는 아기를 잉태하고 있을 때가 세상에서 가장 아름다운 모습이라고 하시면서 임신 중인 나에게 아기를 만날 준비를 잘 할 수 있도록 좋은 말씀을 많이 해주셨다.

"몸은 항상 단정하게 가꾸어라."

"방석 위에는 가운데 반듯하게 앉아라."

"음식은 깨끗한 것만 먹도록 해라."

내가 입덧으로 고생할 때마다 깍두기를 잘 먹는 내게 깍두기마저 네모반듯한 예쁜 것만 골라서 먹으라고 하셨다.

사람들과 다투지도 말고 화내지도 말라고 하셨다.

책은 양서를 골라서 읽고 아름다운 음악을 항상 들으며 정서적으로 풍요로움을 잃지 말라고 늘 말씀하셨다. 아기를 잉태하고 있는 동안에는 순간순간을 놓치지 말고 태교하라고 하셨다.

막내아들 희민이가 세 살 때의 일이다. 희민이는 엄마가 듣고 있는 베토벤의 5번 교향곡을 눈을 꼭 감고서 음악에 맞춰 지휘하는 흉내를 내면서 40여 분간 끝까지 듣고 있었다. 그래서 한때 나는 막내가 명지휘자가 될지도 모른다는 착각을 한 적이 있었다.

이러한 어린 시절의 정서 때문이었는지, MIT에서 희민이가 학기말 시험을 준비하고 있을 때 러시아의 세계적인 피아니스트 예브게니 키신(Yevgeny Kissin)이 보스톤 심포니 오케스트라(Boston Symphony Orchestra)와 협연차 보스톤에 온 적이 있었다. 세이지 오자와(Seiji Ozawa)가 지휘하는 보스톤 심포니 오케스트라와 예브게니 키신과의 협연은 쉽게 만날 수 없는 연주회였다. 저녁 7시에 연주회가 있는데 입장표는 당일에 한해서만 판매되고 있어서 표를 구입하려면 줄을 서서 기다리는 수밖에 없었다. 희민이는 표를 놓치지 않고 구입하기 위해 아침 9시부터 아직 문을 열지도 않은 연주홀 매표소 앞으로 갔다. 아예 넥타이를 매고 시험 공부할 책 보따리를 어깨에 둘러메고 연주홀 앞에 줄을 섰을 때는 아무도 없었다. 희민이는 매표소 앞에 털썩 주저앉아 책을 펴놓고 시험공부를 하기 시작했다. 오후 3시쯤 되었을 때 러시아인 몇 명이 관광차 미국에 왔다가 그 날 연주회에서 연주될 라흐마니노프(Rachmaninoff)의 피아노 협주곡 3번을 듣기 위해 매표소 앞에 도착했다. 러시아인들에게는 러시아 작곡가의 마음이 러시아 연주자의 마음에 그대로 표현되는 완벽한 감정의 일치를 감상할 수 있는 좋은 기회였다. 5시부터 티켓을 팔기 시작했을 때 희민이는 1번으로 표를 구할 수 있었다.

넥타이를 매고 길에 앉아서 음악회를 기다리며 시험공부를 하는 MIT 공대생. 다음날 시험 성적은 A+를 받았다고 한다.

나는 음악이 흐르는 공기를 호흡하며 살아왔다. 그래서 내 아이들은 태아 때부터 음악과 만날 수 있었다. 세 아이들 모두 중요한 시험 기간이라 하더라도 음악회만큼은 놓치지 않는다. 정서적이셨던 친정아버님의 가르침 덕분에 아기를 잉태하는 순간부터 아기와의 소중한 만남을 위해 나는 9개월 동안 끊임없이 준비를 할 수 있었다.

나는 나의 인생길에서 수많은 일들을 경험하고 있지만, 끝도 없을 것만 같은 험한 산고 끝에 아기를 출산한 후 깊은 잠에서 깨어나 새생명과 마주했을 때의 그 감격과 흥분은 결코 잊을 수 없다.

아기와의 첫 대면, 그것은 내게 가장 소중한 만남이었다. 이 경이롭고 소중한 아기와의 만남은 그 이전에 남편과 만날수 있었던 숙명으로부터 이루어졌다.

별거

남자에게는 '방랑벽' 이라는 생태학적 본능이 있는 것 같다.

자신의 목표에 오르기 전에 좌절을 겪게 되자 남편은 뒤도 돌아보지 않고 미국으로 떠나버렸다. 남편은 세 아이들을 낳으며 기르는 동안 가정을 별로 떠나보지 않은 사람이었다.

봄에 남편이 미국으로 떠나고 여름, 가을, 겨울이 오도록 남편과의 별거 아닌 별기가 계속되었다. 혼자서 약국을 운영하여 살림살이를 꾸리고, 미국에 있는 남편의 생활비와 학비를 송금하는 날들이 계속 이어졌다. 미국에서 새로운 삶을 개척하기 위해 애쓰고 있는 남편에 대한 기대와 희망을 놓지 않으면서도 나는 하루하루가 불안하고 두려웠다. 아침 일찍 약국의 문을 열고 밤늦게 문을 닫은 후 집에 돌아와 보면 어린 것들은 엄마를 기다리다 지쳐 잠들어 있고, 가사 일들은 산더미처럼 쌓여 있었다. 사방을 둘러보아도 아무도 없었다.

고달픈 내 작은 한 몸 따뜻하게 포옹해 주는 어느 누구도 없었다. 사방이 막힌 벽과 천장, 그리고 철모르는 아이들뿐, 어디에도 내 마음 둘 곳이 없어, 나는 우리에 갇힌 야생동물의 절박한 심정으로 불면의 밤들을 보내야만 했다. 바람이 세게 불어도, 밤늦게 전화벨 소리가 울려도, 아이들이 아파도, 낯선 사람이 찾아와도, 어두운 밤 길을 혼자 걸을 때에도, 그리고 아무 일 없이 하루하루가 지나가는

데도 매사에 두려움부터 앞섰다.

창문 흔들리는 소리에도 놀라고 폭풍우가 몰아칠 때면 가슴이 조여드는 듯 무섭고, 꿈자리가 사나울 때는 며칠씩 불안에 떨었다.

혼자 누워서 아무리 몸을 뒤척여도 삶의 무게와 두려움의 공포는 더해 오고, 지쳐 가는 나의 약한 모습에 아이들의 언덕이 무너지면 어떡하나 더욱 안타까워지곤 했다.

그러던 중 전혀 생각지도 않던 친지로부터의 따뜻한 위로의 말 한마디와 도움을 받았을 때는 엄동설한에 솜이불로 몸을 감쌀 때와 같은 따뜻함으로 세상 근심이 눈 녹듯 모두 사라지는 것 같았다. 전에는 경험해 보지 못한 고독과 슬픔, 불안과의 싸움이 지속되면서 나는 어느새 남편 없이 혼자 사는 생활에 길들여져 가고 있었다.

소박한 가정생활이 여자에게는 가장 큰 행복이라는 평범한 진리를 터득하면서 나는 혼자 사는 것에 익숙해지지 않으려고 안간힘을 썼다. 혼자 사는 것에 익숙해지는 것은 사랑할 수 있는 기회를 잃어버리는 일이다. 어떠한 상황에서도 나는 사랑을 잃어버린 가련한 여자가 되고 싶지 않았다.

남편과 별거하던 동안이 나에게는 은하수를 넘어 견우를 기다리는 직녀의 삶처럼 별빛으로 피륙을 엮는 인고의 세월이었다.

별자리를 찾아보며

약국의 업무는 하루 종일 서있어야 하고 몸이 불편한 사람들과의 상담이므로 일을 끝내고 집에 돌아와 누우면, 온 몸이 물먹은 솜처럼 무겁게 가라앉아 내 자신이 환자가 된 심정이었다.

한 달에 한 번 쉬는 일요일에는 밀린 가사일들도 해야 하고 피곤한 몸을 쉬어야 했다. 그렇게 하지 않으면 앞으로 한 달을 또 버틸 수가 없기 때문이다.

아빠 없이 어린 아이들 셋을 데리고 약국을 운영하면서 가장 마음에 걸리는 일은 일요일에도 일을 해야 하기 때문에 좀처럼 시간을 내서 아이들과 외출을 할 수 없다는 점이었다. 아이들과 같이 보낼 수 있는 시간은 약국 문을 닫은 후 밤에나 자유로웠는데, 좀처럼 시간을 내서 아이들과 함께 나들이를 할 수 없었으므로 엄마로서의 의무를 다하지 못하는 것 같아 아이들에 대한 미안함이 항상 마음속에 앙금처럼 쌓여가고 있었다.

빡빡하게 들어찬 아파트 빌딩촌의 엘리베이터 앞에서 엄마의 퇴근을 기다리는 아이들 모습을 대할 때마다 혹시라도 아이들의 마음에 상처가 생기지 않을까 불안했다.

가을이 깊은 11월 어느 토요일 오후, 약국 문을 일찍 닫고 집으로 돌아와 서둘러 아이들에게 저녁을 먹이고는 온 사방에 어둠이 내려와 앉기를 기다려 아이들에게 두꺼운 재킷과 모자를 씌우고 집주변에 있는 넓은 벌판을 찾아 아이들을 데리고 나갔다. 영문을 모르던 아이들은 좋은 곳이라도 가는 줄 알고 껑충껑충 뛰었다.

어두움이 깔린 벌판에는 차가 드문드문 다니고 바람은 차고 구름 한 점 없는 높은 하늘에는 보석을 뿌려 놓은 듯 별들이 빛나고 있었다. 아무도 없는 벌판에 아이들과 나만이 있었지만 두려운 마음은 곧 사라졌다. 복잡한 도시와 슬픈 추억들, 외롭고 고달픈 생활, 삶의 잡다한 상념들을 잠시 잊고 평화로운 마음이 되었다. 끝없이 펼쳐진 밤하늘은 나를 껴안는 듯 하고, 찬란한 별빛들은 그동안 황폐해진 나의 마음을 위로라도 하는 듯 반짝였다.

아이들은 어떤 환경에서도 자신들의 놀이를 발견하는 놀라운 능력이 있는 것 같다. 희민이는 하늘을 향해 돌을 던지며 별을 맞춰보겠다고 했다. 감성이 풍부한 둘째 희원이는 별의 속삭임이 들리는 것 같다고도 했고 큰 아이 희라는 떨어지는 별똥별을 바라보며 아빠와 빨리 만날 수 있게 해달라고 빌었다고 한다.

세 아이들이 "아빠~" 하고 합창하여 부르는 소리가 별빛이 되어 벌판으로 멀리 퍼져 나갔다. 나는 세 아이들과 손에 손을 잡고 벌판을 뱅뱅 돌면서 아이들이 잘 아는 동요를 함께 목청껏 불렀다.

뜸북 뜸북 뜸북새
논에서 울고
뻐꾹 뻐꾹 뻐꾹새
숲에서 울 때
서울 가신 아빠는 소식도 없고
빨간 구두 사가지고 오신다더니…

그 후로 이 동요는 나의 애창곡이 되었고, 그날 밤 나는 아이들이 사고력 깊고 생각이 창조적인 사람으로 성장해 가기를 별을 보며 기원했다.

아이들은 그믐달이 서쪽 하늘에 나타나도록 까만 밤 속에서 무엇이 그토록 즐거운지 깔깔대며 즐거워했다. 아이들의 해맑은 웃음소리는 초겨울의 찬 밤공기와 함께 계속되었다. 밤새는 줄도 모르고 신나게 노는 아이들의 모습을 바라보면서 나는 우리 가족의 미래에 대한 불안으로 어쩐지 초조하기만 했다.

아이들은 다 큰 후에도 가끔 엄마와 밤하늘의 별자리를 보러 나갔던 밤의 이야기를 한다.

아이들이 밤하늘의 별을 쳐다보며 놀고 있을 때 홀로 돌 위에 앉아 저희들을 바라보던 엄마의 모습에서 엄마도 외로울 수 있다는 생각이 들었다고 한다. 그때까지 아이들은 엄마는 외롭지 않은 사람, 세상에서 가장 강한 사람, 어떤 어려움도 이길 수 있는 사람, 아이들을 위해 무슨 일이라도 할 수 있는 사람, 든든하고 큰 사람으로 마음속에 항상 자리하고 있었던 것 같다.

우리 아이들은 쓸쓸하고 외로울 때면 그날 밤 엄마의 모습을 떠올리면서 방향을 잃지 않고 일어설 수 있는 용기를 다시 얻는다고 한다.

태평양을 건너다

1981년, 미국으로 떠나기 전 나는 한 가정의 평범한 아내였고 세 아이의 엄마였으며 대학을 졸업하고도 내 의사를 영어로 한마디도 표현할 수 없는 한국의 전형적인 30대 후반의 주부였다. 미국을 가겠다는 어떤 계획이나 설계가 서 있었던 것도 아니고 그렇다고 경제적인 여유가 있었던 것도 아니었다. 결혼생활 13년 만에 장만한 조그만 집 한 채가 우리 경제력의 전부였다.

남편은 연세대학교 정치외교학과를 졸업하고 직접 정치사회로 뛰어드는 바람에 결혼 후 나에게는 항상 경제적으로 힘겨운 생활의 연속이었다.

박정희 대통령 시절 남편은 공화당 당의장 비서실장이었다. 1979년 10월 갑작스런 박대통령 시해 사건 이후 그나마 박봉이었던 월급도 하루아침에 끊기고 어린 세 아이들(희라, 희원, 희민)을 데리고 앞으로 살아갈 일이 까마득하였고, 한동안 남편은 좌절감에 시달리고 있었다.

어려움을 극복하는 데 있어서 첫 번째 단계는 고정관념에서 벗어나 새로운 도전을 해보는 한 가지 방법이 있다.

남편은 어느 날, 대학 시절 은사님을 만나 뵙고 집으로 돌아오더니 갑자기 미국 유학을 떠나겠다고 하였다. 처음 미국으로 떠날 때 남편은 혼자 공부를 마치고 돌아올 계획이었고, 나는 한국에서 약국을 운영하면서 남편의 학비와 생활비 등의 뒷바라지를 하기로 하였다. 가정이 어려움을 겪고 있을 때 여자가 나서면 그나마 더 빠르고 쉽게 위기를 극복할 수 있겠다는 생각에서였다.

1년여 가까이 미국의 교육에 대해 알아본 남편은 아이들을 데리고 미국으로 올 것을 권하였다. 그 당시 희라는 초등학교 6학년, 희원이는 3학년, 희민이는 유치원에 다니고 있었다.

1970, 80년대 한국은 지금처럼 초등학생이 영어를 접할 기회가 전혀 없었고 중학교에 입학해야 그때부터 알파벳의 대문자, 소문자를 배우기 시작할 때였다. 부모들 또한 초등학생에게 영어를 가르쳐야 한다는 의식조차 없을 때였다.

영어의 ABCD도 모르는 세 아이들이 영어로 한마디 말도 할 줄 모르는 엄마의 손을 잡고 아빠가 계신 미국을 향해 태평양을 건너게 되었다.

정치에 뜻을 품었던 삶이 박정희 대통령 시해 사건 후 좌절되자 남편은 세상구경을 하겠다며 작은 여행용 가방 하나를 들고 미국으로 훌쩍 떠나 버렸다.

남편의 안전한 비행을 빌며 김포공항에서 돌아와 세 아이들을 나란히 재워 놓고 신혼 때부터 쓰던 긴 베개를 장롱에서 꺼내는 순간, 남편의 체취와 함께 베갯잇에 붙어 있는 그의 머리카락을 보게 되었다. 순간 애증의 마음으로 걷잡을 수 없는 아픔들이 밀어닥쳤다. 철없는 아이들은 그전처럼 아빠의 해외 출장인 줄 알고 많은 선물을 기대하며 행복에 젖어 평화로이 잠들어 있었다. 몇 날 밤을 새운 나는 아빠의 역할까지 어깨에 짊어지기로 마음을 다져먹기 시작했다.

8개월을 먼 객지에서 홀로 지내던 남편이 아이들을 데리고 미국으로 건너오라는 편지와 함께 서류 뭉치가 날아왔다.

한 번도 외국 땅을 밟아 본 적이 없던 나는 남편을 만날 수 있다는 희망보다는 결혼생활 13년을 살아온 손때 묻은 살림살이들을 무엇부터 어떻게 정리해 나가야 할지 도무지 마음을 정할 수가 없었다. 오랫동안 고민한 끝에 나는 한 가지 결론을 얻었다.

살림살이를 하나하나 두 종류로 가르기 시작했다.

첫째, 언제든지 어느 곳에서나 돈으로 구입할 수 있는 것

둘째, 돈으로는 세상 어느 곳에서도 도저히 구할 수 없는 것

　대부분의 살림살이들은 이 두 카테고리 안에서 쉽게 정리되어졌다. 넓은 거실에 두 가지 범주로 살림살이들을 나눠 놓고 보니 두고 가는 물건들은 산더미처럼 많고, 가지고 갈 물건들은 몇 가지 안 되는 것은 물론, 모두 눈에 띄게 구질구질하고 궁상맞은 것들이 대부분이었다.

　할머님이 시집오실 때 초례청에 촛불을 꽂아 놓으셨다던 백자기, 시어머님이 시집오실 때 갖고 오셨다던 통나무 그릇들, 남편이 태어날 때와 첫돌 때 입었다던 누렇게 찌든 누비저고리.

　시어머님께서는 내가 첫 아이를 낳자마자 아빠의 첫 배냇저고리를 아기에게 입히면 아기가 건강하게 장수할 수 있다면서 6.25 전쟁 중에서도 보관하셨다는 누비저고리 두 벌을 주셨다.

　세 아이들이 입었던 배냇저고리, 아이들이 처음 걸음마를 시작할 때 신었던 신발, 아이들의 이름이 적힌 성경책, 태극기, 그이와 내가 사귈 때 주고받던 편지들, 학교 졸업장과 사진첩들, 집안의 고장 난 물건들을 손수 고치기 좋아하던 남편의 손때 묻은 연장들....

　짐정리를 도와주던 큰 딸아이가 짐 가운데서 작은 나무토막 하나를 찾아들고 나에게 달려와서, "엄마, 이 나무토막은 왜 미국까지 갖고 가려고 해?" 영문을 모르는 아이는 아무리 생각해도 알 수 없다는 표정이다.

　그것은 남편의 이름 석 자가 붓글씨로 쓰여진 나무토막 문패였디, 명필이있던 남편의 친구분이 집을 처음 장만한 기념으로 써서 손수 달아준 문패였다.

　1970년대 초 아파트 붐이 일어 모두들 짐을 싸들고 한강변 아파트로 이사할 때 남편은 아이들이 땅을 밟고 자라야 한다고 자그마하기는 해도 정원이 있는 홍익대 근처인 이 집으로 이사해 왔다. 세 아이들을 차례로 얻으면서 그이와 나의 삶이 엮어지던 곳.

마당에 그네를 매고 대추나무와 포도나무, 배나무, 라일락, 목련을 심고, 배꽃이 필 때는 배가 많이 열리게 해달라고 아이들이 엎드려 기도하던 바위가 있고, 라일락 향기가 짙을 때면 막내가 세발자전거를 타고 학교에서 돌아오는 큰 누나를 맞이하기 위해 달려나가곤 하던 골목이 있는 집.

마당 한 쪽 장독대 사이로 아이들이 숨바꼭질을 하던 곳.

눈 오는 성탄절 새벽에는 길 건너 작은 교회의 사람들이 집집마다 불러주는 성탄송 소리에 밤잠도 잊고 밤새 기다려 과자를 한아름 안은 아이들이 눈을 밟고 뛰어나가 맞이하던 정다운 대문 앞.

나는 딸아이에게서 받아든 문패를 지나간 삶의 추억과 함께 소중하게 깨끗한 종이로 쌌다.

미국에 도착하자마자 삶의 현실과 정신없이 부딪혀야만 했던 나는 내가 갖고 온 짐들이 오래도록 집 한구석에 쌓여 있는 것조차 잊고 있었다.

책을 보다 머리를 식히려던 남편이 짐꾸러미들을 주섬주섬 뒤지다가 흰 종이에 싸여 깊숙이 들어 있던 문패를 꺼내들고는 말없이 정원으로 나갔다가 헛기침을 하며 들어서는 남편의 눈가에서 나는 물기를 보았다.

조국을 떠나 살게 해야만 했던 아이들이 고향 없는 고아처럼 느껴질 때마다 이 작은 나무 문패로부터 어릴 적 옛 집의 행복했던 그 시절 삶을 떠올리곤 한다.

Try again
one, two, three...

MARYLAND
FTC 245

새로운 시작

- 미국의 아나폴리스(Annapolis)에서 -

내가 세 아이들의 손을 이끌고 미국 땅을 처음 밟은 곳은 미국 해군사관학교가 있는 바닷가의 작고 아름다운 도시 아나폴리스라는 곳이었다.

1982년 1월 1일, 비행기가 아나폴리스에 착륙하면서 그곳에서의 공기가 고국의 것과 다르다는 느낌은 몹시 낯선 경험이었다.

11세, 9세, 5세 된 어린 세 아이들을 데리고 오랜 비행으로 지친 몸을 이끌고 미국 땅에 첫발을 내딛었을 때, 낯선 두려움과 오랜만에 만나는 남편에 대한 반가움으로 우리 넷은 모두 흥분상태에 있었다. 비행기가 목적지에 도착하면서 세 아이들은 누가 제일 먼저 아빠를 안을 것인가를 놓고 다투기 시작했다. 막내아들 희민이가 이기는 것 같았다. 가방 하나씩을 메고 비행기 문을 나서서 아이들을 앞세우고 걷는데, 큰딸 희라가 막내를 부르며 손을 잡고 무슨 얘기를 하는 것이 보였다. 그러면서 엄마를 향해 앞장서서 빨리 나가라는 손짓을 했다. 지치고 흥분된 상태에서도 엄마가 먼저 아빠를 안아야 한다는 큰딸의 속 깊은 마음을 눈치 채고 나는 앞상을 섰다. 그때부터 큰딸은 지금까지 나의 가장 좋은 친구이며 훌륭한 카운셀러가 되어 주고 있다.

먼 타국에서의 객지생활 중에도 남편의 건강은 다행히 아주 좋아

보였다.

밖은 겨울비가 내리고 있었다.

계절은 한국과 비슷한 일기라고 들었는데, 때마침 그곳 날씨는 비와 더불어 매우 온화한 1월이었다. 우리 식구가 남편의 차를 타고 40분을 달려 도착한 곳은 전형적인 미국의 중산층이 사는 조용한 마을이었다. 집집마다 모두 울타리가 없고 잔디밭이 앞뒤로 넓게 깔려 있었다. 겨울인데도 잔디밭은 진초록이었다. 신기하게도 토끼풀, 씀바귀, 달래, 도토리, 아카시아 등 우리나라에서 보던 것과 같은 것이 많았다.

남편이 마련한 미국의 우리집은 현관을 들어서 보니 왼쪽으로 4개의 계단을 오르면 거실이 있고 서쪽으로 식당과 부엌, 부엌 옆으로 양쪽에 다용도실이 있는 복도를 따라가면 침실 세 개가 달린 집이었다. 식당 뒷문을 열고 나가면 발코니가 있고 그 위에서는 넓은 뒷마당이 있으며, 옆집 이웃 할머니의 집이 잘 보이는 곳이었다.

현관의 오른쪽 계단 3개를 내려가서 왼쪽으로 가면 벽난로가 있는 부부용 침실이 있고 오른쪽으로 가면 빨래와 허드렛일을 할 수 있는 조그만 방이 있으며, 그 옆으로 벽난로와 피아노가 있는 거실이 또 있었다. 거실 문을 열고 나가면 파티를 할 수 있는 큰 방이 있다. 파티룸은 뒷마당과 연결되어 있는 곳이다. 집주인이 직장을 독일로 옮기면서 2년간 세를 놓았다. 피아노까지 있는 집을 빌린 점이 그 집에 살면서 우리 가족에게 큰 도움이 되었다.

청색 카펫이 깔려 있는 크고 좋은 집이 도시의 작은 집이나 아파트에 비해 집세가 절반밖에 되지 않았다.

남편은 아이들이 영어를 빨리 터득할 수 있도록 동양 사람들이 전혀 없는 시골에다 우리의 주거지를 정한 것이다. 지금 생각해 보면 매우 현명한 판단이었다.

미국의 중산층 가정이 사는 전형적인 전원 마을에서 3년 반을 살았던 것이 미국의 문화와 언어를 익히는 데 큰 도움이 되었다. 영어를 못하는 상태에서 경쟁이 심한 학교에서 미국생활을 시작하였더라면 아이들은 더 많은 어려움을 겪었으리라는 생각이 든다.

길 건너에는 아주 넓은 잔디밭이 있는 초등학교가 있었다. 이 초등학교는 유치원(Kindergarten)에서 5학년까지 있으며 이 마을은 중학교가 6학년에서 8학년, 고등학교가 9학년에서 12학년까지 있었다. 미국의 학제는 유치원부터 12학년까지 있으며 모두 의무교육이다. 학제가 지역별로 주마다 조금씩 다르나, 유치원에서 고등학교까지 13년간인 것은 한국과 같다. 미국은 만 12세 이전까지는 아이들을 혼자 집에 둘 수 없으므로 반드시 베이비시터를 써야 한다. 희라가 곧 만 12세가 될 터이므로 우리는 다행히 베이비시터를 구하지 않아도 되었다.

아이들이 학교에 입학하는 데 필요한 서류는 아이들의 여권과 건강기록, 즉 예방주사를 맞은 기록뿐이었다. 한국에서 여행사와 친지들로부터 듣고 학교 성적표, 출석표 등을 어렵사리 영역해서 들고 온 것은 아무 쓸모도 없었다. 우리 세 아이들이 입학하자 교육청에서 ESL(English as a Second Language) 선생님이 즉시 파견되어 다음날부터 세 아이들만 놓고 영어를 가르치기 시작했다.

솔직한 심정으로 미국의 교육제도와 배려에 나는 무한한 고마움을 느꼈다. 8시 30분까지 학교에 가서 영어공부만 하고 12시가 되면 집에 돌아왔다. 유치원을 빼고 전학년이 2시 40분에 수업이 끝나는데 희라와 희원이의 영어실력으로는 정규 수업에 들어갈 수 없으므로 일찍 집에 돌아올 수 있었다.

희민이를 빼고 희라와 희원이는 시간이 흐르면서 산수와 미술, 음악, 체육시간에는 정규 수업에 참관을 하기 시작했다. 영어공부를 따로 하던 중, 웃을 수밖에 없는 에피소드가 있었다.

ESL 영어 선생님이 아이들에게 자기가 만들 수 있는 가장 좋아하는 한국 음식을 말하라고 했다고 한다. 9살짜리 희원이는 자기가 좋아하는 김밥을 직접 만들 수 있다고 말했다고 한다. ESL 선생님은 아이들이 가장 관심 있는 음식을 함께 만들면서 한국의 문화를 익히고, 영어의 듣기와 말하기 연습을 시키기 위한 목적을 가지고 있었다.

토요일에 9살짜리의 말을 듣고 선생님은 동양 식품점에 가서 김밥에 필요한 재료를 사다가 놓고 세 아이들을 집으로 초청했다.

엄마의 도움이 필요하다는 희라의 급한 전화를 받고 내가 일하다 말고 선생님 집에 도착해 보니 모두들 모아 놓은 재료를 들여다보며 어찌할 바를 몰라 쩔쩔매고 있었다. 더욱이 영어 선생님은 동양의 특별한 음식을 맛보게 한다고 이웃의 가까운 친구 부부도 초대해 놓은 상태였다. 재료를 하나하나 검토해 보니 선생님은 찹쌀(Sweet rice)을 사다 놓으셨다.

미국 사람들은 불면 날아갈 것 같은 끈기가 없는 밥을 좋아하고 한국의 쌀로 지은 끈기 있는 밥은 별로 좋아하지 않는다. 또한 한국 쌀은 미국 식품점에서는 팔지 않는다. 아마 우리 아이들이 김밥을 하려면 밥의 끈기가 많아야 한다고 이야기한 모양이다. 나는 할 수 없이 급히 운전하여 집에 있는 쌀과 전기밥솥, 부엌칼, 도마를 들고 달려갔다. 미국인들의 음식은 한국음식처럼 정교하지 않아서 부엌 칼은 김밥을 썰 수 있을 만큼 예리하지 못하였다.

엄마가 김밥을 만드는 것을 처음부터 끝까지 옆에서 지켜보던 희원이는 한국에서 엄마가 자주 만들어 주는 것을 보았기 때문에 자신이 직접 할 수 있다고 생각했다고 한다. 다 말아 놓은 김밥을 썰기 시작하는데 옆에서 지켜보던 아이들이 칼을 들고 자기들도 썰겠다고 나섰다. 고사리 같은 손들로 큰칼을 들고 나서는데 나는 등골이 오싹하여 아이들이 김밥을 칼로 썰지 못하게 말리면서, 엄마가 모두 할 터이니 너희들은 옆에서 보기만 하라고 했다. 그런데 ESL 선생님은 아이들에게 칼 한 개씩을 쥐어 주고 손목과 김밥을 붙잡아 주면서 "Try again, one, two, three,… very good!"이라고 한다. 서두르고 불안해하던 나는 한 발짝 물러서서 선생님의 태도를 유심히 살펴보았다. 위험하거나 힘들고 어려운 일들은 아이들에게 접근하지 못하게 하고 나 스스로 빨리 해치우려던 내 모습에서 아이들 교육에 있어 무언가 잘못된 점이 있었다는 것을 발견하게 된 것이다.

ESL 선생님은 김밥을 썰면서 망치거나 또는 칼이 위험하더라도 아이들이 직접 해보고 노력할 기회를 주면서 차분히 기다려 주었다. 아이들이 썰다가 망친 김밥을 직접 입에 넣으며 다음번은 더 잘 썰 수 있다고 격려하고 등을 두드려 주었다. 그때 영어 선생님의 태도를 깊이 새겨두고 나도 아이들 교육에 여유를 가져 보면서 서두르지 않으려고 노력하고 있다.

6개월간 ESL 선생님과 공부를 하더니 희라와 희원이는 교장 선생님께 더 이상 ESL 선생님을 파견하지 않도록 이야기해 줄 것을 청해 왔다. 자기들이 교장 선생님께 이야기를 했더니 부모님의 허락을 받아오라고 했다고 한다.

나는 아이들에게 문제가 없겠느냐고 물었더니 자기들이 수업을 따로 받으니까 마치 다른 아이들보다 공부를 못한다는 느낌이 들고 영어시간 이외의 시간은 지루하고 발전이 늦은 것 같으니, 미국 학생들과 같이 수업하면서 직접 부딪쳐 보겠다고 했다.

조금은 걱정이 되었으나 우리 부부는 아이들의 의견을 존중하여 도전해 보도록 결정하고 교장 선생님을 찾아갔다. 교장 선생님은 고개를 갸우뚱하면서도 우리 부부의 의견을 흔쾌히 받아들여 주셨다. 그로부터 약 1년간 아이들의 성적표에는 국어, 자연, 사회의 평가란에 아무런 기록이 없다. 희민이는 1년 후에 미국 아이들과 같이 공부하며 노는 데 별 지장이 없어 보였지만, 희원이는 약 2년 정도 걸린 듯 하고, 희라는 3년 후에나 선생님의 말이 정확히 들리고 수업시간에 자기의 의견을 발표하는 데 아무 불편이 없었다고 한다.

자라면서 책읽기를 좋아하는 희라는 한국에서처럼 미국의 동화책을 빨리, 많이 읽을 수 없다고 한동안 불평을 했던 적이 있다.

희라는 한국에서 세계 명작 동화책을 거의 모두 읽었었다. 그러므로 많은 동화의 줄거리를 알고 있었다. 그것이 미국의 국어(영어)시간에 큰 도움이 되었다고 했다.

영어시간에 텍스트북(Textbook)으로 쓰는 동화책의 내용은 거의 모든 줄거리를 알고 있던 것이라고 했다. 그러므로 영어시간에 영어로 다시 그 내용을 공부하게 되었을 때 훨씬 쉽게 느껴졌을 것이다.

책을 많이 읽는 것이 얼마나 중요한 일인가를 생활 속에서 직접 경험했던 일이다. 그리고 고등학교 때 SAT Test에서 비교적 좋은 성적을 낼 수 있었던 것도 책을 많이 읽은 덕이라고 가끔 이야기한다.

첫등교

- 벨베디어(Belvedere) 초등학교-

미국이 질서를 잘 지키는 나라라는 것은 아이들 학교에 가보면 알 수 있게 된다. 우리 아이들이 다니던 벨베디어 초등학교는 8시 20분이 되어야 학교의 현관문을 연다. 학부형들에게 8시 이전에는 학교에 아이들을 보내지 않도록 한다. 일찍 부모가 일을 나가야 할 경우는 아이들을 이웃에 부탁해야 한다. 전교생이 약 120명이며, 우리 아이들은 이 학교 최초의 동양 아이들이었다. 대부분의 아이들은 걸어서 학교에 와야 한다. 우리 아이들은 길 건너 걸어서 다녔다.

학생들이 학교에 도착하면 도착하는 순서대로 현관문 앞에 줄을 서서 기다린다. 8시 20분에 현관문이 열리면 교장 선생님의 지도로 각자 자기 교실로 찾아간다.

내가 미국에 도착해서 가장 인상 깊은 것 중의 하나는 가는 곳마다 줄을 서는 일이다. 어린 아이부터 노인들까지 어느 곳에서나 줄 서는 일이 철저히 지켜진다. 유치원에서부터 줄서는 것을 철저히 가르치기 때문이다. 한 반 학생이 20명이 조금 넘는데 학생수가 많다고 학부형들은 불평을 한다.

학교에 가던 첫날 희원이의 3학년 교실에서 있었던 일이다. 선생님이 칠판에 무엇을 그리고 나니까 학생들이 모두 무엇인가를 하기 시작하더란다. 그때 희원이는 영어를 모르니까 선생님이 칠판에 영어로 쓰는 말을 무엇을 그리는 것으로 알았다고 한다. 아이들은 모두 무엇을 하는데 자기는 어떻게 할 줄을 몰라서 책상에 그냥 앉아서 선생님이 칠판에 쓴 그대로 자기도 똑같이 그려 보았다고 한다. 반 아이들이 그런 희원이를 신기하게 여겨 줄을 서서 한 사람씩 우리 아이가 그린 영어를 구경했다고 한다.

그때에 가장 즐거운 수업시간은 미술시간이었다고 한다.

미술시간에 필요한 모든 재료는 학교에서 무상으로 제공된다. 영어로 말을 하지 않고도 그림으로 자신의 의사를 표현할 수 있었으므로 말을 못한다는 부담이 훨씬 적었던 때문이다. 미술시간에 그린 그림은 대부분 교실에 한동안 붙여놓고 특히 잘 그렸다고 생각되는 그림은 복도에 붙인다.

동양 아이들의 그림이고, 또 새로 온 아이들의 그림이라서인지 우리 아이들의 그림이 복도에 붙여졌다.

다행이었던 것은 말이 한마디도 통하지 않고 생긴 모습도 전혀 다르고, 또 친구도 없는 학교를 그래도 마다하지 않고 열심히 다닌 점이다. 우리가 살던 동네에는 동양 사람이 전혀 없었기 때문인지 반 아이들이 매우 신기해하였으며, 서로 옆에 앉기를 원했고 많은 친구들이 오버나이트 파티(Overnight Party)에 초대하곤 했다. 이웃이나 선생님들이나 학생들이 모두 우리 가족에게 매우 친절하였던 것이 아이들이 학교에 쉽게 흥미를 붙일 수 있도록 해준 큰 힘이었다는 생각이 든다.

하루는 희원이가 학교에서 울면서 돌아왔다.

학교 아이들과 조금 익숙해지니까 남자아이 하나가 "팬케이크(Pancake): 동양인의 얼굴이 코가 낮고 납작하다고 하여 잘 놀리는 말임"

라고 놀렸다고 했다.

남편은 그 다음날 아침에 교장 선생님을 찾아가서 어제 희원이에게 있었던 일을 이야기를 했다.

교장 선생님은 즉시 놀린 아이를 찾아내서 희원이에게 와서 정중하게 사과를 시켰다고 했다. 그 뒤로 다시는 놀리는 일이 없었다고 한다.

첫 번째 이웃, 로라(Laura) 할머니

우리가 미국에 도착한 며칠 후부터 천둥이 치고 눈이 많이 오고 변화가 심한 미국 날씨가 계속되었다. 옆집에는 70세가 훨씬 넘어 보이는 로라 할머니가 개 한 마리를 데리고 혼자 살고 계셨다. 눈이 많이 내리고 있는 어느 날 아침, 로라 할머니가 오래된 라디오를 들고 우리집으로 찾아오셨다.

우리가 라디오를 살 때까지 사용하라는 것이었다.

날씨의 변동에 따라 학교 시작 시간이 다르다는 것을 방송을 통해 알려주니 라디오가 없으면 안 된다는 것이었다. 우리가 살던 마을은 일기예보에 따라 눈이 오게 되면 학교 시작 시간을 1시간 혹은 2시간 늦추기도 하고 눈이 아주 많이 오는 날은 학교 문을 닫는다.

눈이 특별히 많이 와서 겨울에 학교 문을 닫는 날이 많으면 방학을 며칠 늦추어 법정 수업일수를 맞춘다. 눈이 와서 학교 문을 닫는 날은 온통 마을이 아이들의 세상이다.

로라 할머니는 라디오를 빌려 주고도 그 해 겨울 내내 우리가 방송을 잘못 들었을까봐 학교 시작 시간을 전화로 알려 주셨다.

우리 가족이 미국에 산 지 꼭 1년이 되는 다음해 1월 1일 설날, 로라 할머니는 아침식사를 같이 하자고 우리 가족을 초대했다. 나는 아이들에게 한복을 입혀서 한국 인형을 선물로 들고 로라 할머니 집으로 갔다. 식탁에는 미국의 전형적인 소박한 아침식사가 준비되어 있었다. 빵, 과자, 과일, 커피, 티…

나는 아이들에게 한국에서 새해 설날 아침에 어른들에게 세배하는 전통적인 방법으로 로라 할머니에게 큰절을 하라고 시킨 후에 남편과 나도 세배를 드렸다. 세뱃돈 대신에 아이들 손에 과자를 쥐어 주는 로라 할머니의 뺨에는 눈물이 흐르고 있었다. 어른을 공경하는 한국식 세배 방법이 참으로 아름답다고 하셨다.

그날 저녁에는 내가 만든 만두 한 접시를 보내 드렸더니 한국 음식을 처음으로 맛보았다고 하며 대단히 좋아하셨다.

미국에서는 나이의 고하를 막론하고 이름을 부른다. 이름을 많이 불러주는 것은 서로 친하다는 표시라고 한다. 옆집 할머니를 내가 어떻게 불러야 할지 몰라 당황해 하는 것을 알고 할머니는 할머니의 이름 로라(Laura)를 자주 부르라고 했다. 그리고는 나를 볼 때마다 "Hi Sook(내 이름의 첫 자 '숙')" 하고 부르시곤 했다.

미국의 어린 아이는 이웃집 할머니에게 "그랜드마더(Grandmother)라고 부르지 않고 이름을 부른다. 자기의 할머니만 그랜드마더라고 부른다. 우리나라에서 나이가 많은 여자를 할머니라고 부르는 문화와는 큰 차이가 있다.

한 번은 우리 가족이 여행을 하게 되어 며칠간 집을 비우게 되었다. 평소에 할머니와 우리는 집 열쇠를 서로 하나씩 보관하고 있어서 집안에 열쇠를 둔 채 문을 잠갔을 경우, 또는 열쇠를 잃어버렸을 경우, 또 집안에 가스나 전깃불을 끄지 않고 외출했다가 생각이 났을 경우, 서로 전화를 걸어 확인하는 부탁을 하곤 했다.

여행을 떠나면서 우리는 할머니께 며칠간 집이 빌 것이라고 말씀드렸더니 할머니가 그 동안 잘 돌보아 줄 것이라고 했다. 3일 후에 집에 돌아와 보니 집안에는 할머니의 3일간의 일지가 쓰여 있었다. 오전 9시에 집에 들어와 집안을 둘러보고 밖의 외등을 끄고, 오후 5시에 들어와 다시 한 번 둘러보고 실내 전등불 하나를 켜놓고, 오후 9시에 또 들어와 실내등을 끄고 밖의 외등을 켜고…

남의 집을 봐주는데 그렇게 철저하고 정확할 수가 없었다. 우리는 또 한 번 친절한 이웃의 고마움과 철저함에 감탄했다. 천둥이 몹시 치는 밤에는 우리에게 전화를 걸어 도움을 청하고 할머니 집 쪽의 외등을 켜 놓아 달라고 부탁하곤 했다.

우리가 살던 집의 계약기간인 2년 반 동안 할머니와 우리는 아주 좋은 이웃으로 서로 도우며 잘 지냈다. 우리가 그 집을 떠날 때 할머니는 돌아가신 할아버지와 같이 몇 십 년 쓰셨던 설탕그릇과 크림그릇을 기념으로 주셨다.

우리 가족이 뉴욕으로 이사한 후에도 자주 안부 전화를 나누었었는데, 너무 노후하셔서 결국에는 혼자 사시던 그 집을 떠나 운전해서 30분 거리에 살고 있는 아들의 집 근처로 이사하셨다.

먼 나라에서 온 이방인들을 되도록 가까이 하면서 외로운 인생길에 새로운 사람들과의 만남을 귀히 생각하며 우리들에게 많은 도움을 주신 로라 할머니는 우리가 첫 번째로 만난 미국의 이웃이었으며, 우리 가족 또한 할머니에게 인상 깊은 동양인의 화목한 가정으로 남았을 것이다.

몰린(Maureen) 가족으로부터의 초대

어느 날 교장 선생님으로부터 편지 한 장을 받았다.

희원이와 같은 반 아이인 몰린이란 학생의 엄마가 우리 가족을 그의 집으로 초청하려고 하는데, 교장 선생님께서 '추천할 만한 모범이 되는 집안'이니 꼭 초청을 받아드리도록 하라는 편지였다.

몰린 엄마는 우리 가족을 집으로 초청하고 싶은데 문화도 다르고 우리의 의향이 어떨지 몰라서 아이들 학교 교장 선생님과 상의를 하였더니 교장 선생님이 우리에게 정중히 편지를 보내신 것이었다.

다음날은 희원이가 몰린 엄마의 초청장을 들고 왔고, 2주 후에 우리 가족은 몰린 집의 저녁 초대에 갔다.

외할머니 부부, 몰린과 두 여자 형제, 몰린 엄마, 아빠 모두 7명의 식구가 한 집에 살았다.

넓은 잔디밭이 있는 뒷정원과 연결된 1층은 할머니, 할아버지, 2층은 몰린 엄마, 아빠와 딸, 이렇게 셋이 살고 있었다. 모든 의식주의 생활이 분리되어 완전히 두 가족으로 살아가고 있었다.

할아버지께서 고혈압으로 쓰러지셔서 휠체어를 타고 계셨는데 외동딸인 몰린 엄마가 직장을 다니기 때문에 자주 뵙기가 힘들어 한 집으로 모셔 왔다고 한다. 아이들은 물론, 특히 할아버지를 위해 우리 가족을 초청해서 하루를 즐겁게 보냈다.

내가 갖고 간 불고기를 뒤뜰에서 바비큐할 때는 그 맛에 온 가족

이 놀라워했다. 말을 못하시던 할아버지도 그칠 줄 모르고 잡수셨
다. 불고기는 세계인이 좋아하는 으뜸가는 음식 중의 하나라는 것을
다시 확인할 수 있었다.

파티 후에 그릇과 남은 음식들을 아래층, 위층으로 가르는 것을
보고 나는 매우 의아스러웠지만 우리와는 다른 문화를 접할 수 있는
기회가 되었다.

병원의 수석 간호원으로 일하는 몰린 엄마는 그 이후로 우리 가
족에게 여러모로, 특히 믿을 만한 치과 의사와 소아과 의사를 소개
해 주는 등 많은 도움을 주었다.

미국에 우리가 도착해서 아이들이 학교에 처음 갔을 때 미국 아
이들은 주위에 몰려들어 무엇을 도울까를 물어왔고, 많은 친구들로
부터 집에 초대를 받았다. 모습이 다르고 낯선 친구에 대해 궁금해
하고 흥미로워 했다. 대부분의 아이들이 친구가 되려고 했다.

막내의 지껀거

미국의 초등학교에는 8개의 과목이 있다.

- 국어(Communication): Reading(읽기), Writing(쓰기), Listening(듣기), Speaking(말하기)

- 산수(Computation)

- 인성교육(Character development)

- 사회(Social Studies)

- 자연(Science)

- 체육(Health)

- 미술(Art)

- 음악(Music)

8개 과목의 성적표를 보면 과목별로 3분야로 평가하는 칸이 있다.

- 성취도(Achievement)

- 노력(Effort)

- 태도(Attitude)

노력하지 않고 시험만 잘 보면 성취도에는 A를 받으나 노력 점수는 좋지 않다. 시험성적은 안 좋으나 노력을 많이 하는 학생은 노력점수에서 A를 받는다. 성취도는 A이나 공부시간에 수업태도가 좋지 않거나 숙제를 잘 안 해 오는 학생은 태도에서 평가가 좋지 않다. 미국 초등학교의 교과과정은 환경영역을 학년에 맞게 확대해 나가도록 설계되어 있다.

- 1학년에서는 가정생활에 관해서(Home)
- 2학년에서는 학교생활과 이웃에 관해서(School and Neighborhood)
- 3학년에서는 다른 동네에 대한 소개와 이해(Other Communities)
- 4학년에서는 주에 관해서(State)
- 5학년에서는 자기 나라인 미국에 관한 관심과 시야(Nation)
- 6학년에서는 세계에 관해서(World)

이러한 단계적인 교육을 시키면서 전 학년에 걸쳐 공부하는 시민교육(Citizenship Education)의 기초가 교육의 바탕이 되고 있다. 또한 초등학교 때부터 좋은 시민이 되기 위해 공공사회에서 서로 도우며 발전시키는 능력과 단체생활을 잘 해 나가는 방법을 교육받는다.

미국에 처음 도착해서 단독주택에 살다가 막내인 희민이가 초등학교 2학년일 때 우리는 이웃동네의 타운 하우스(Town house)로 이사했다. 타운 하우스로 이사한 후 나는 새로운 사실을 알게 되었다. 우리가 살던 타운 하우스는 16개의 집이 나란히 붙어 있었는데, 그 중에서 8가구가 이혼한 가정이었다. 개인주택에 살 때는 이웃에서 이혼한 가정을 볼 수가 없었다. 개인주택은 유지비가 많이 들고 잔손 가는 일이 많기 때문에 이혼한 후 혼자서 개인주택에 사는 것은 어려운 일이다.

이혼 후 미국의 자녀를 데리고 있는 부부들은 아이들이 어느 정도 성장할 때까지 한 동네에 이웃하여 살면서 주중에는 엄마 집에서 지내면서 학교에 다니고, 주말에는 아빠 집으로 간다. 이혼한 부부들은 자식에 대한 보상심리로 장난감을 필요 이상으로 사준다. 이혼한 부모와 살고 있는 아이들은 거칠고 감정이 불안한 아이들이 많다.

희민이는 주중에는 엄마 집에, 주말에는 아빠 집에 장난감이 산더미처럼 쌓여 있는 친구들을 부러워하면서 이혼이 무엇인지도 모르고 엄마 아빠는 언제 이혼하느냐고 물어서 온 가족을 놀라게 했다.

희민이의 2학년 첫 학기 성적표에는 8과목 24개 평가란 중에서 15개가 A이고 9개가 B였다. 주로 노력점수에서 B였다. 희민이는 학교는 친구를 만나서 놀러가는 곳이라고 생각하고 있었다. 모두 A만 받아오는 두 딸들에게서는 보지 못하던 현상이었다.

온 가족은 희민이의 성적표를 받아본 후 속으로 걱정을 하였다. 그러던 어느 날 남편은 희민이에게 "요즘 제일 갖고 싶은 것이 무엇이냐?"고 물었다.

희민이는 "자전거"라고 대답했다.

남편은 말없이 희민이를 차에 태우고 자전거 상회에 가서 희민이가 좋아하는 자전거를 보여 주고 돌아와서는 다음 학기에 24개 모두 A를 받아오면 지금 보고 온 자전거를 사주겠다고 약속했다. 나는 희민이에게 공부시간에 선생님 눈만 보면 전부 A를 받을 수 있다고 말해 주었다. 2학기 성적표를 받던 날 희민이는 집에 들어서면서 자전거를 못 갖게 되었다며 울음을 터트렸다.

희민이의 성적표에는 23개의 A와 1개의 B가 있었다. 그동안 희민이는 상으로 내건 자전거를 갖기 위해 눈에 띄게 노력하는 모습을 보였다. 희민이가 성적표를 받기 며칠 전 희민이가 좋은 성적표를 갖고 올 것이라고 믿고 있던 남편은 자전거 상회에 가서 희민이가 좋아하는 자전거를 예약해 놓고 왔었다.

남편은 울음을 그칠 줄 모르는 희민이를 차에 태우고 자전거 상회에 가서 예약해 놓은 자전거를 사 주었다.

"네가 이번에 약속한 24개의 A를 못 받고 B가 하나 있었지만 그동안 최선을 다하여 노력한 점은 24개의 A를 받은 것과 다름없이 훌륭한 점이다." 하고 남편은 희민이에게 말했다.

그 자전거로 동네를 달리며 마음껏 뛰어 놀면서도 희민이의 성적은 그 뒤로 계속 우수했다.

피버디(Peabody) 음악 예비학교

- 샤워 먼저 할래? 피아노 먼저 연습할래?-

아이들이 학교에 차차 적응해 가자 서울에서 가르치다가 중단하고 있던 음악교육을 다시 시작해야겠다는 생각이 들었다.

우리가 살고 있던 곳에서 1시간 정도 북쪽으로 운전해 가면 볼티모어(Baltimore)라는 큰 도시가 있는데 그곳에 피버디 음악학교(Peabody Music School)가 있고 그 안에 예비학교가 있다는 것을 알아냈다.

나와 남편은 피버디 예비학교를 찾아갔다. 이때가 내가 미국에 도착한 지 8개월 후였다.

피버디는 사립학교라서 학비가 비쌌다. 남편의 학비가 부담이 컸었는데 세 아이들의 학비 또한 상당히 부담이 되었다.

아이들의 오디션이 끝나고 입학이 결정된 후에 남편과 나는 학교 사무실로 찾아가서 우리의 현재 경제상황에 대해 이야기하였고, 다행히 학교에서는 학비를 분납할 수 있도록 해 주었다. 그 때 우리를 끝까지 친절하게 안내해 주며 우리 가족의 입장에 서서 학교를 설득해 주었던 분은 예비학교의 피아노 신생님인 랑케 선생님(Ms. Ranke)이다. 그 분은 아이들 오디션에서 처음 만났을 뿐 아무런 인연이 없던 분이었다. 그 후 랑케 선생님이 우리 아이들에게 피아노를 가르쳤다.

랑케 선생님 집 뒷마당에는 수영장이 있었다. 피아노 레슨 후에 그곳에서 가끔 수영장 파티도 하고 피크닉도 하였다. 랑케 선생님은 피아노를 가르치면서 미국생활의 재미를 아이들에게 많이 보여 주었다. 피버디 예비학교는 토요일 아침에 간다. 일반 학교는 월요일에서 금요일까지만 간다. 아이들은 토요일마다 예비학교에 가서 아침부터 음악이론, 듣기연습, 상급 음악 클래스(Master Class), 피아노를 전공하는 사람은 합창단 멤버로, 현악기와 관악기를 전공하는 사람은 오케스트라의 멤버가 되어 하루 종일 음악교육을 받는다.

악기의 개별적인 지도는 담당 선생님과 토요일에 할 수 있으나 선생님과의 시간이 맞지 않을 경우에는 개인적으로 선생님의 집이나 학교로 평일 오후에 다시 찾아가야 한다.

피버디 음악대학에는 바이올린 선생님으로 명성이 높으신 안용구 교수님이 계셨다. 안 교수님에게 바이올린 레슨을 받기 위한 음악 대학생들이 줄을 서 있었다. 그런데도 안용구 교수님은 희원이와 희민이를 쾌히 맡아 주셨다. 희라는 피버디 예비학교에서 볼티모어 심포니 오케스트라(Baltimore Symphony Orchestra)의 첼로 제1주자 선생님을 만나게 되었다.

명성이 높은 선생님들에게는 레슨을 받기 위해 많은 학생들이 줄을 서 있다. 피아노, 첼로, 바이올린의 레슨 시간을 맞추기 위해서 나는 차 속에서 보내는 날이 많았다.

세 아이의 레슨시간이 각각 다르고 때로는 아이들의 상황에 맞춰 따르다 보면 어느 날은 6시간을 운전해야만 했다. 또한 아무리 먼 거리라도 유명한 선생님이 계신 곳이라면 아이들을 데리고 레슨을 받기 위해 찾아가야 했다.

세 아이가 피아노 레슨을 모두 끝내려면 3시간을 기다려야 한다. 봄, 여름, 가을에는 차 속에서 기다리는 일이 그다지 어렵지 않았으나 겨울철에는 매우 힘들었다. 자동차 엔진을 키고 히터를 틀면 한참 후에는 엔진소리가 이상해진다. 히터와 엔진을 끄고 있으면 차 속으로 추위가 스며든다. 그 후로 겨울철에는 두꺼운 담요를 차에 싣고 다녔다. 아이들을 기다리면서 많은 날들을 담요로 덮고 차 속에서 잠들곤 했다. 퇴근한 후에는 악기 연습을 제대로 했는지 매일 확인해야 했다. 두 딸은 연습을 잘 하는데 막내아들은 대체로 혼자 연습을 하지 않는다. 엄마는 자기의 음악 연습을 즐기는 사람이므로 엄마가 올 때까지 기다려야 한다는 것이 핑계였다. 그리고 그때는 엄마가 정말로 자기의 음악 연습을 즐기는 것으로 믿었다고 성인이 된 아들은 가끔 말한다.

하루 종일 일하고 돌아와서 피로한 몸을 가눌 수 없을 때도 나는 아들의 방문 앞에 책을 들고 앉아 연습을 마칠 때까지 나가지 못하도록 방문을 지켰다.

누구나 살아가는 동안에 수없는 시련을 겪는다. 시련 가운데에서도 내가 주저앉지 않고 버틸 수 있는 것은 자식에 대한 사랑과 책임감 때문인 것 같다.

밖에서 놀다가 땀으로 범벅이 되어 들어오는 희민이는 샤워도 하지 않고 바로 식탁 앞에 앉곤 한다. 그럴 때마다 나는 "샤워해라", "피아노 연습해라." 하지 않는다. "샤워해라", "피아노 연습해라." 하면 샤워하고 피아노 연습할 때까지 미적미적 하면서 많은 시간을 흘려보낸다. 나는 언제나 "피아노 먼저 연습할래?", "샤워 먼저 할래?" 하고 묻는다. 샤워하기를 싫어하는 막내는 으레 "피아노 먼저 연습할래.” 하고는 즉시 피아노 앞에 앉는다.

엄마 생각으로는 샤워 먼저 하고 깨끗한 몸으로 피아노 앞에 앉는 것이 더 좋다는 생각이지만, 한정된 저녁시간에 샤워를 하도록 만들기에는 미적미적 흘러가는 시간이 아깝다. 그래서 희민이에게 음악연습을 시키기 위해 내가 생각해 낸 유도 방법이 그것이다.

내가 아이들에게 무엇을 하라고 지시할 때는 먼저 무엇을 하고 다음에 무엇을 하라고 강요하지 않고 스스로 선택하는 뉘앙스를 주는 듯한 유도법을 써서 아이들이 강제로 엄마의 말을 따르는 느낌을 주지 않도록 한다.

그 이후로는 우리 가족은 서로 그 방법을 잘 활용한다.

아이들이 선물을 사주겠다며 나를 백화점에 데리고 가면 내가 모두 사양할 것을 눈치 채고 아이들은 “엄마, 화장품 먼저 사실래요? 구두 먼저 사실래요?”해 놓고는 나를 쳐다보고 웃는다. 엄마가 저희들에게 쓰던 유도법을 성인이 된 후부터는 아이들이 엄마에게 쓰기 시작했다.

바이올린 케이스(Violin Case)

세 아이들이 모두 피버디(Peabody) 예비학교에서 피아노를 부전공으로 공부하면서 희라는 첼로, 희원이와 희민이는 바이올린을 전공했다. 희라에게는 한국에서 갖고 온 2/3 사이즈가 작아져서 풀 사이즈 첼로를 구입해 주어야만 했다. 아이들이 빨리 성장하게 되므로 희민이에겐 1/2 사이즈 바이올린을 악기상회에서 한 달에 30달러씩 주고 빌렸다. 약 1년 후에는 풀 사이즈를 또 사야 되므로 얼마 동안 빌려 쓰는 것이 경제적이다.

300달러를 주고 희원이에게 풀 사이즈 바이올린을 사주었는데 바이올린이 담겨 있는 케이스가 다른 친구들이 갖고 있는 케이스에 비해 좋지 않다고 불평했다. 바이올린을 들고 나서는 둘째의 표정이 심상치 않았다. 좋은 바이올린 케이스는 380달러나 하였다. 희원이가 바이올린을 사던 날부터 설거지를 도맡겠다고 나섰다. 한 번 설거지를 할 때마다 아빠는 1달러씩 주겠다고 약속했다. 희원이는 설거지통에 씻을 그릇이 한 개가 나타나도 팔을 걷어붙였다. 키가 작아 의자에 올라서서 설거지할 때 고무줄로 묶은 뒷머리 꽁지가 달랑달랑 흔들릴 때마다 서금통에 1날러씩 쌓여갔다. 저금통에 350달러가 쌓이던 날 아빠가 30달러를 보태서 아주 좋은 바이올린 케이스를 사들고 왔다. 그래서 한동안 비싼 케이스에 싼 바이올린을 넣어 다니는 코믹한 바이올리니스트가 우리 집안에 있었다.

하루는 나와 같이 일하던 미국인 친구가 벼룩시장(Flea market)을 지나다가 호호 할머니로부터 30달러를 주고 낡은 바이올린을 샀다며 내게 들고 왔다. 자기는 음악을 아무 것도 모르지만 우리 아이들에게 필요할 것 같아서 사왔다고 했다.

줄은 두 줄밖에 남아 있지 않고 먼지가 쌓여서 아주 낡아 보였다.

피버디 바이올린 선생님에게 그 바이올린을 갖고 가서 감정했을 때 우리 가족과 선생님은 모두 함께 놀랐다. 줄을 갈고 조금만 손을 보면 시중에서 3천 달러 이상을 주어야 살 수 있는 수준의 바이올린이라는 것이다. 케이스에 맞는 바이올린이 저절로 굴러 들어와 제격을 갖추게 된 행운을 얻게 되었다.

온 가족이 즐거운 일상

아침에 눈을 뜨면 각자 아침식사를 해결하고 학교와 일터로 가고 저녁에는 온가족이 함께 모여 식사를 했다.

저녁식사 시간에는 각자 하루 종일 일어났던 이야기들이 화제가 되어 왁자지껄 시끄럽다.

아빠의 이야기가 길어지는 날에는 숙제가 많다는 핑계로 아이들은 서로 눈짓을 하며 제 방으로 달려가곤 했다.

그래도 자주 밤이 깊은 줄도 모르고 아이들은 사회와 역사, 그리고 우리 주변의 많은 문제들을 놓고 아빠와 토론하기를 좋아했다.

우리가 살던 곳에서 1시간쯤 운전해서 가면 한국 교회가 있었다. 주말이면 가족이 함께 교회에 다녀온 후 음식을 준비해 가지고 바닷가 공원으로 피크닉을 간다. 미국 공원에는 바비큐를 할 수 있도록 잔디밭에 테이블과 의자, 화덕이 준비되어 있어서 누구나 공원에 가서 음식을 구워 먹으며 피크닉을 할 수가 있다.

공원에서 불고기를 숯불에 구우면 옆에서 핫도그를 굽던 미국인들이 불고기 냄새를 맡고 요리 방법을 물어오기도 했다. 미국의 많은 사람들로부터 불고기가 세계에서 가장 맛있는 고기 요리 방법이라는 말을 들었다. 기분이 우쭐한 남편은 요리법을 물어오는 사람마다 한 점씩 맛보라고 쥐어준다.

보름달이 밝은 밤에는 아이들과 함께 근처 바닷가로 게잡이를 나간다. 닭다리와 머리를 낚싯줄에 묶어 바닷물에 담그고 기다리면 게들이 닭다리를 물고 올라온다. 게는 보름달이 찼을 때가 산란기여서 보름달이 뜨는 밤에 게잡이를 가면 알이 꽉 찬 게를 잡을 수 있다. 게를 잡으면서 나는 옆에서 게를 잡는 미국인들을 보고 자주 놀라곤 했다. 잡아 올린 게가 3인치 미만인 경우에는 반드시 다시 바다에 놓아준다. 어린 게나 물고기는 잡지 못하게 법으로 정해 놓았다고 한다. 지켜보는 사람이 아무도 없고 검사하는 사람도 없는데 조금 작은 게가 잡히면 손으로 크기를 재어보고 크기가 미달되면 바닷물에 다시 던져 넣는다.

게가 많이 잡히는 여름철에 길을 지나다 보면 게를 팔고 있는 트럭을 많이 보게 된다. 12마리에 얼마라는 사인이 붙어 있다. 게를 살 때 큰 봉투에 세어서 담다가 움직이지 않는 게가 나오면 꺼내어 버린다. 죽은 게를 먹으면 몸에 좋지 않다면서 사는 사람이 아무런 요청을 하지 않아도 살아서 움직이는 것만 세어 담는다. 게잡이를 갔다 온 다음날은 게 파티를 한다. 게를 삶는 냄새는 온 집안에 퍼지고 세 아이들은 방과 리빙룸과 부엌을 넘나들며 콧노래를 부른다.

남편은 자동차나 집에 고칠 것을 찾아 연장을 들고 나선다. 잔디를 깎고 물을 주는 일도 남편의 몫이다. 아들의 운동시합이 있는 날에는 남편이 더 신이 나서 물통을 들고 앞장선다.

눈 오는 날에는 눈을 치우면서 아이들과 눈싸움을 한다. 주말에는 아이들을 일찍 깨워 함께 조깅을 한다. 아이들이 학교에서 돌아오면 숙제를 도와주는 일도 남편이다. 내가 저녁식사 준비를 하는 동안에 남편은 식탁을 차린다.

남편은 가급적 담배를 덜 피우기 위해 노력했는데 담배가 집에 많으면 더 피우게 된다면서 여분의 담배를 사다 놓지 않는다. 하지만 밤늦게까지 논문을 쓰는 날엔 참을 수가 없는지 자동차 안의 재떨이를 뒤져서 길게 남은 꽁초를 주워 피우곤 했다. 담배를 사려면 운전을 해서 멀리 나가야 상점이 있고 또 밤늦게는 문을 닫는다. 어느 날 남편이 새벽 2시쯤 담배꽁초를 찾으러 밖에 나갔다가 빈손으로 들어 왔다. 덜그럭거리는 소리에 잠에서 깬 12살짜리 희라가 졸린 눈을 비비면서 여러 개의 긴 담배꽁초가 들어 있는 비닐봉지를 들고 나오면서, "아빠, 이것 찾으러 나갔다 오셨죠?" 한다.

희라는 늦은 밤에 아빠가 차 속에서 담배꽁초를 찾는 것을 여러 번 보았다고 한다. 그 후로 긴 담배꽁초가 눈에 뜨일 때마다 모아 놓았다고 한다. 딤배꽁초가 어떻게 하면 맛이 변하지 않는지 아빠에게 슬쩍 묻고서는 마르지 않도록 비닐봉지에 꼭꼭 싸서 보관했다고 한다. 아빠에게 담배를 끊으라고 매일 조르면서도 아빠의 응급상황을 위해 담배꽁초를 모아두는 사려 깊은 큰 딸 희라가 우리 부부에게는 항상 든든한 울타리로 느껴진다.

그 후로 남편은 담배를 끊기 위해 부단히 노력했다.

이렇게 가족이 항상 함께 움직이므로 우리는 모두 언제나 한마음이었다.

쌍둥이 날 파티에서 만난 한국인 입양아

1982년 1월에 이곳에 도착해서 그해 여름방학(6월 중순에서 8월 말)을 마치고 9월에 희라가 중학교에 입학하였다. 이제 어느 정도 친구들과 의사소통에 불편을 느끼지 않는 눈치이다. 중학교에는 역시 동양 아이가 우리 아이뿐이었다. 어느 날 학교에서 돌아온 아이가 어두운 표정으로 근심에 싸여 있었다. 학교에서 무슨 일이 있었느냐고 물었더니 다음 주에 쌍둥이날 파티(Twin's day Party)를 한다는 것이다.

두 사람이 쌍둥이처럼 꾸미고 학교에 가는 날인데 가장 잘 꾸민 쌍둥이를 뽑아서 상을 준다고 한다. 생각만 해도 재미있고 신나는 일이다.

우리 아이가 다니는 학교에는 화이트 데이(White day, 온통 옷차림을 하얗게 차리기), 뷰티 데이(Beauty day, 여자는 공주처럼 아름답게, 남자는 신사처럼 정장하기), 트윈스 데이(Twin's day, 쌍둥이처럼 똑같이 꾸미기) 등과 같이 일 년에 몇 번 특별한 주제의 날을 만들어 아이들을 신나게 하는 행사가 있다.

이런 날은 아이들의 잔칫날이다.

쌍둥이로 꾸미려면 우선 외모가 비슷한 친구를 찾아야 하는데 동양아이가 없는 이 학교에서 한국 여자 학생을 찾는 일은 큰일이었다. 그런데 며칠 후 동양 아이인 것 같다면서 눈이 크고 키가 작은 여자 친구 하나를 집에 데리고 왔다. 유난히 큰 눈 때문에 처음 언뜻 보기에는 동양아이 같지 않아 보였다. 그러나 쌍둥이날 파티때 우리 아이와 짝을 할 친구 때문에 큰 걱정을 하고 있던 터인지라 반갑기도 하여 나는 저녁을 먹여서 보내겠다고 그 아이 부모에게 전화를 했다. 그런데 그 아이의 부모는 성이 스미스(Smith)라는 미국인이었다. 아이의 이름은 미아 스미스(Mia Smith), 7년 전 6살 때 스미스라는 가정에 입양되어 왔다고 한다. 오직 자신이 한국인이라는 것만 알고 있으며 한국말은 한마디도 하지 못했다. 보통 때와 마찬가지로 나는 한국 음식을 만들었다. 밥, 국, 김치, 불고기, 김, 나물....

모두 식탁에 둘러앉아 식사를 시작하는데 미아가 젓가락으로 김치 한 점을 입에 넣더니 와락 울음을 터트리는 것이다. 이곳 미국 가정에 입양되어 온 후 7년 동안 한국 사람을 만날 수가 없었고 한국 음식도 모두 기억에 없었다고 한다. 그런데 김치 냄새를 맡는 순간 모든 기억이 되살아난다고 했다.

미아는 인천에서 아빠, 엄마, 남동생, 여동생, 이렇게 다섯 식구가 살았는데 매우 가난하여 항상 배가 고팠고, 식사도 김치하고만 밥을 먹었다고 한다. 알코올 중독자인 아빠는 엄마와 미아, 그리고 두 동생들을 매일 때렸다고 한다. 매를 맞던 엄마는 이미 집을 나가고 3살, 1살짜리 동생과 함께 살았는데 어느 날 술주정뱅이 아빠로부터 몹시 매를 맞고 미아도 정처 없이 집을 떠났다고 한다. 5살 때인 미아는 거리를 헤매다가 다리 밑에서 몇 밤을 보낸 후 어느 고아원으로 보내졌다고 한다.

6개월쯤 후에 미아는 해외 입양기관을 통해 스미스 가정에 입양되어 왔다. 당시 스미스 내외에게는 중학교와 고등학교에 다니는 두 아들이 있었다. 바닷가에 위치한 큰 집, 좋은 환경에서 살면서 가족의 사랑을 듬뿍 받으며 과거의 불행을 잊고 살아가는 미아는 예쁘고 아주 행복해 보였다.

미아는 중학생이었는데도 키가 유난히도 작았다. 미국의 중·고등학교 학생들은 파티를 자주 하는데 파티를 하는 날엔 어른 숙녀들만큼이나 성장을 하고 화장도 하고 하이힐도 신는다. 미아의 발은 너무 작아서 아이들 신발 가게에 가야만 발에 맞는 신발을 살 수가 있었다고 한다. 더구나 그렇게 작은 하이힐은 찾기가 더 힘들다. 스미스 부인은 따로 주문을 해서라도 미아에게 하이힐을 신겨서 파티에 보낸다고 한다. 특히 키가 작으니까 하이힐을 신어야 더 예쁘다고 하면서 작은 하이힐을 구하기가 힘드니 한꺼번에 장만하는 것이 좋다고 여러 가지 색의 하이힐을 주문하기도 했다.

미국 가정은 자기 일은 자기가 스스로 하며, 식사 후의 설거지를 딸이기 때문에 도맡아 하는 일은 없다. 아들 딸 가리지 않고 집안일을 함께 한다. 그런데 미아는 집안의 일을 솔선해서 하며 미국인 두 오빠를 지극히 사랑하고, 특히 설거지는 스스로 도맡아서 하려고 한다며 스미스 부인의 칭찬이 대단했다. 미아를 딸로 얻게 된 것은 하느님의 축복이었다며 그들은 진심으로 행복해했다.

그러나 그렇게 좋은 환경과 양부모, 형제들의 깊은 사랑도 미아의 아픈 추억을 지울 수는 없었다. 3살짜리 남동생의 사진 한 장을 간직하고 있으면서 동양 남자아이를 만날 때마다 달려가서 이름을 물어보며 혹시나 하고 자세히 살펴본다고 한다.

미아를 몹시도 때리던 아빠도 그립다고 했다.

동생들과 부모님을 만나게 해달라고 하루도 빠지지 않고 끊임없이 기도한다고 했다.

1950년 한국 전쟁 후에 미국인 해리 홀트(Harry Holt) 씨가 버림받은 혼혈 고아 8명을 미국으로 입양해 온 것이 시초가 되어 한국의 고아 해외 입양이 시작되었다. 이것이 홀트 아동복지회의 시작이다. 처음에는 전쟁고아와 혼혈아를 돌보기 위해서였는데 1970년대 이후로는 미혼모, 결손가정, 굶주리는 아이들을 대상으로 이어져서 1955년부터 지금까지 미국에만 총 10만여 명이 입양되어 왔다.

희민이의 피아노 선생님은 아들이 한국 아이를 입양해서 키우는데 한국 사람들은 특히 음악에 사질이 낳다면서 자기 손주에게도 바이올린을 일찍부터 가르칠 것이라며 가장 작은 사이즈의 바이올린을 사다놓고 흥분해 있었다. 주위의 한국인들에게 부탁해서 돌잔치를 한국식으로 해주는 것도 보았다.

희원이의 고등학교 때 영어 선생님은 멕시코 아기를 입양해서 키운다. 미국인들이 외국에서 아이들을 입양하는 이유는 입양을 원하는 부모들이 입양되는 아이들보다 많기 때문에 미국 아이를 입양하려면 몇 년을 기다려야 한다.

미국의 입양기관에서는 아기를 입양하기 전 양부모가 될 사람의 재정상태, 자질, 환경 등을 오랫동안 심사한 후 아이의 입양을 결정하기 때문에 내체로 입양아늘은 좋은 환경에서 자라게 된다. 특히 훌륭한 점은 양부모들이 입양아와 친자식을 차별하지 않는다는 점이다. 더욱이 그 아이들이 태어난 나라의 문화와 역사를 가르치려고 노력한다. 그래서 한국 음식점이나 한국 상품을 파는 상점에 가면 양부모들을 자주 만나게 된다. 한국의 고아들이 미국에 입양된 후 자신의 의식을 깨닫는 나이가 되면 제일 먼저 자신의 외모가 미국 부모 형제의 모습과 현저하게 다른 것을 발견하게 된다. 또한 차차 '나는 왜 버려졌나, 나는 왜 포기되어졌나, 내 친부모 형제들은 있는가, 또 어찌 되었나?' 이러한 의문과 고민 속에 빠져든다. 그러면서 끈질기게 양부모가 입양시에 입양기관을 통해 받은 배경 정보와 자신들이 갖고 있는 친가족의 사진이나 기억들을 되살려 혈육을 찾아나선다. 특히 전쟁고아들은 한국에서 이데올로기로 인한 전쟁은 잠시 멈추어 있으나 그들 혈육의 뿌리를 찾기 위한 싸움은 끊임없이 그들 마음속에서 치열하게 진행되어지고 있다. 많은 미국인 양부모들은 인간이 저지른 잘못을 피부색, 성, 종교, 나라와 관계없이 치유해 가고 있다.

미아는 그날 저녁 김치를 두 접시나 먹었다. 우리 가족이 뉴욕으로 이사하던 날 미아는 친가족과 헤어지는 것만큼이나 서러워하며 오랫동안 울었다. 세 아이의 엄마인 나도 아픔과 부끄러운 감정이 범벅되어 한없이 울었다. 미아가 한국 아이였기 때문에 부끄러웠다. 우리는 우리의 아이들을 우리의 힘으로 돌보아야 한다. 그래서 혈육의 정을 나눌 때 맛볼 수 있는 천국의 기쁨을 우리가 함께 나누어야 한다.

자신감을 얻기 시작한 아이들

- 예능교육 -

미국에 도착한 지 몇 달 되지 않았을 때의 일이다. 큰 백화점에서 주관하는 청소년(Young Musician) 음악 연주 경연대회에 학교 음악 선생님의 추천을 받아 초등학교 3학년인 희원이가 출전하였다.

희원이는 피아노 부문 특상을 받아 상금으로 500달러를 타왔다. 우리가 살던 집세가 그 때 500달러였다. 피버디(Peabody) 음악 예비학교에 입학하기 전이었으므로 한국에서 5세부터 피아노 공부를 해왔던 실력으로 미국 아이들과 경쟁해서 우승한 것이다. 또한, 학교의 복도에 나란히 붙었던 세 아이들의 그림이 카운티(County, 한국의 군에 해당되는 행정단위) 경연대회에서 대표작으로 뽑혔다.

희라는 7학년 때 메릴랜드(Maryland) 주 교육청에서 주관하는 우수영재학생프로그램(Gifted & Talented Student Program)에서 4주간 특별교육을 받을 수 있는 장학생으로 뽑혔다.

미국 엄마들이 비결이 무엇이냐고 나에게 묻곤 했다. 하지만 나는 미술교육을 따로 시켜본 일이 없었기 때문에 비결이 아무 것도 없었다.

희원이가 초등학교의 현악합주단(String Orchestra)에서 바이올린 제1주자를, 큰아이는 중학교의 현악합주단에서 첼로 제1주자를 차지했다.

1년에 한 번씩 오디션을 해서 정하는 제1주자 자리를 유지하려면 쉬지 않고 꾸준히 연습해야 한다. 올 스테이트 오케스트라 멤버(All State Orchestra Member)가 되면 주(State) 연주 여행을 다니게 된다. 1982년에 이곳 학교에 입학해서 2년 후인 1984년도부터 그 지역학교에서 음악 연주자로 두각을 나타내기 시작했던 것은 피버디 예비학교를 다닌 것이 많은 도움이 되긴 하였지만, 그보다는 한국에서 어릴 때부터 꾸준히 음악공부를 시켜온 것이 큰 도움이 된 것 같다.

희라는 6학년 때는 영어를 제외한 전과목에 A를 받았으나 영어 과목에서 B를 받아왔다. 7학년이 되자 첫 학기부터 전 학과에서 A를 받아왔다. 전과목에서 A를 받으면 교장 선생님 상(Principal's Honor Roll)을 준다. 교장 선생님 상이라고 해서 상장이나 상품이 있는 것은 아니다. 성적표 한 귀퉁이에 교장 선생님이 직접 쓴 축하한다는 말과 사인이 있을 뿐이다. 보통 성적표에는 담임선생님의 사인만 있다.

한국에서 많은 학생들 앞에서 상장을 받아오던 아이가 드디어 전부 A를 받아서 근사한 상장을 기대했는데 자기가 교장 선생님 상을 받았다는 것을 아무도 모른다면서 조금 의아해 하는 표정을 지었다. 1980년대에는 한국의 초등학교에서 영어를 가르치지 않았기 때문에 세 아이들이 모두 ABCD도 모르고 미국에 도착했다. 희라가 12살에 시작한 영어 공부 때문에 대학을 진학할 때 지장이 있지 않을까 하여 내 마음속엔 항상 걱정이 앞섰다. 2년 만에 큰아이가 전과목에 A를, 특히 영어에도 A를 받아왔을 때 마음속의 걱정이 가라앉으면서 조금씩 아이들 교육에 자신감이 붙기 시작했다.

희라가 8학년 때 또 교장 선생님 상을 받자 나는 확신을 갖고 더 넓고 큰 무대로 옮겨서 교육을 시켜야겠다는 욕심이 생겼다. 희라가 이곳에서 중학교를 졸업하고 가게 될 고등학교를 조사해 보니, 성적이 우수한 학생은 8개의 아이비리그 대학 중의 하나인 컬럼비아(Columbia) 대학에 간다는 것을 알게 되었다.

고등학교의 수준을 알아보기 위해서는 그 고등학교에서 어떤 대학에 몇 명이 입학했는지에 대해 최근 몇 년 동안의 기록을 조사해 보면 거의 틀림이 없다. 미국의 대학 입학원서에는 9학년에서 12학년까지의 성적을 기록한다. 또한 고등학교 때의 선생님의 추천서가 중요하다. 이곳을 떠나 우수한 대학에 많이 입학하는 고등학교를 찾아서 9학년부터 대학에 입학할 때까지 고등학교를 옮기지 않아야겠다는 설계를 했다.

아이들에게 교육의 시기는 단 한 번밖에 없는데 우물쭈물 하다 시간이 흘러가면 아이들이 다 자라버려 교육의 시기를 놓치게 된다. 기회가 눈앞에 있을 때 도전해야 한다는 모험심이 나를 잠 못 이루게 하였다. 9학년이 되는 희라의 교육문제 때문에 마음이 조급해졌다. 현재의 편안한 환경을 접고 일단 희라의 교육을 위해 새로운 도시 뉴욕에서 교육을 다시 시작하기로 마음을 먹었다.

나는 어린 시절부터 아이들의 음악교육만큼은 중단하지 않고 계속하겠다는 끊임없는 집념이 있었다. 음악교육을 시킬 때의 정서적인 안정감과 끈기와 투지는 물론, 음악 연주를 통해 인산 본능의 환희를 맛볼 수 있는 무대에 아이들과 같이 참여하고 싶었다.

뉴욕에는 줄리아드(Juilliard) 예비학교가 있었다. 한국에서부터 피버디보다는 줄리아드를 더 선망했던 것도 뉴욕으로 이사하려고 하는 큰 동기 중의 하나였다. 남편과 나는 뉴욕으로 가서 지도를 놓고 줄리아드 예비학교에서 음악교육을 유지하면서 다닐 수 있는 좋은 학군을 찾아 며칠 동안 헤매었다.

미국에서의 좋은 학군은 교육 시스템을 살펴보면 알 수 있다. 미국은 철저한 지자제이기 때문에 교육 예산이 재산세에서 충당되므로 세금을 많이 내는 지역이 좋은 학군에 해당된다. 이런 학군 내에 있는 학교는 시설이 좋을 뿐만 아니라 우수한 선생들을 유치해 온다. 그러므로 주정부가 실시하는 각종 시험에서 우수한 성적을 낼 수 있는 것이다. 주 교육부가 각 학군의 교육세 및 학생 1인당 지출되는 연간 교육비를 책정하므로 세금을 많이 내는 학군은 자연히 학생들의 평균 성적도 높고 대학 진학률이 높다. 주 교육부가 책정한 학생 1인당 연간 교육비 중 주 정부의 보조는 4~10%밖에 되지 않으므로 주민들의 세금이 학생들의 교육에 직접적인 영향을 미친다고 할 수 있다. 그러므로 각 지역 공립학교는 해당지역 거주자의 자녀만이 다닐 수 있다. 그러나 사립학교는 학군과 상관없이 다닐 수 있다. 사립학교는 우수한 교사를 채용하여 교사 1인당 학생수가 극소수(7~8명)이기 때문에 맨투맨 식의 교육이 가능하며, 시설과 환경이 우수하다.

해마다 사립학교 상당수의 학생들이 좋은 대학에 입학하지만 학비가 일반 사립대학과 맞먹기 때문에 경제적인 부담이 크다. 미국 공립학교의 시스템은 교육위원들이 중추적인 역할을 하고 있다. 연방정부는 기본 교육법만 제시할 뿐 교육위원들이 교육감의 감독 아래 학생들의 교과과정, 우수 교사의 고용 및 봉급, 근무평가, 학교의 재정 및 행정 등에 직접적인 영향을 미친다.

학부모들은 자녀들 학교에서의 어려움이나 성적문제 등을 교육
위 공청회에 매주 참석해 누구나 직접 의견을 개진할 수 있다. 학부
모들의 건의는 즉시 교육위원들이 자체 조사를 통해 문제점을 파악
한 후 신속하게 처리되므로 항상 교사들을 감독 평가할 수 있다. 그
러므로 훌륭한 교육위원을 갖춘 학군으로 이사하는 것은 아이들 교
육에 있어서 첫 번째 중요한 단계이다. 뉴욕 근교에 살고 계신 남편
의 죽마고우인 유진일이라는 분이 스카스데일이라는 동네를 추천하
면서 강력히 권하였다. Dr.유는 서울대 의대를 마친 후 일찍이 미국
에 건너가 공부하여 내과 전문의로 크게 성공한 분인데 지금도 뉴욕
에 있는 〈Our Lady of Mercy Medical Center〉라는 큰 병원에서
주요 직책(Chief of Nephrology)을 맡고 계시면서 대학 강의 등 신
장계통의 권위자로 활약하고 계신 분이다.

평소 누구보다 교육에 관심이 크셨던 그분이 우리의 맹모삼천지
교를 실현케 해주신 셈이다. 그때의 일로 우리 부부는 그분께 평생
동안 고마운 마음을 잊지 않고 산다.

뗑뫄삼천지교

-스카스데일(Scarsdale)을 찾아서-

미국생활이 시작되면서 나에게는 시간과 건강이 금과 같다는 것을 뼈저리게 느끼고 체험하면서 현실과 싸워 나갔다. 고달프고 바쁜 나날들을 보내면서 자식을 위해 나를 희생한다는 생각보다는 자식에 대한 꿈이 나의 고달픈 인생을 인내하고 극복할 수 있도록 지탱해 준다는 생각을 자주 했다. 조국을 떠나와 3년 반 만에 다시 이삿짐을 챙기면서 미지의 도시 뉴욕으로 도전하는 나의 판단이 혹시나 잘못되어 그 동안 이루어 놓은 평화를 모두 잃게 될지도 모른다는 위험성과 불확실성 때문에 몹시 고통스러웠다. 남편과 나는 트럭을 빌려서 직접 이사할 계획을 세웠다.

라이더 렌탈(Ryder Rental) 회사에서 트럭을 빌리면 사용한 시간과 거리에 따라 요금이 부과되며, 도착한 도시의 사무실에 차를 돌려주면 된다. 미국 전역에 사무실이 있으므로 직접 이사하는 데 아주 편리하다. 그 동안 가구가 구비된 집을 빌려서 살았으므로 짐이 별로 없었으나 어렵게 마련한 피아노가 큰 문제였다. 남편과 내가 움직여 보니 꿈쩍도 하지 않았다. 마침 이웃에서 잔디를 깎고 있던 청년이 눈에 띄었다. 그 청년에게 도움을 요청하자 친구들 두 사람을 더 불러와서 남편과 함께 네 사람이 피아노를 번쩍 들어 차에 실었다. 그 청년들에게 사례금으로 각각 10달러씩을 주었다. 이삿짐

센터에 부탁해서 편안히 이사할 수도 있었으나 아이들의 교육비를
제외한 모든 경비는 우리가 절약할 수 있는 데까지 철저히 절약하였
다. 우리가 살던 곳에서 스카스데일까지는 약 300마일(480km)이
었다. 이삿짐을 실은 트럭 꽁무니에 찐빵차(폭스바겐에 아이들이 붙
인 별명)를 달고 직접 트럭을 운전하는 남편의 뒤를 따라 남쪽에서
북쪽으로 뻗어 있는 고속도로를 따라 달렸다. 다시 미지의 세계를
개척할 때 느끼는 두려움과 희망이 범벅이 되어 온몸에선 땀이 흐르
고 마음속은 두근거렸다.

막상 길을 나서고 보니 두려움이 밀려왔다. 아이들의 더 나은 교
육에 대한 갈망으로 길을 나섰으나 새로운 것들과 다시 부딪치며 싸
워야 한다는 불안감으로 한동안 잠 못 이루는 고통을 겪어야 했다.

무엇보다도 스카스데일의 집세는 우리가 지금까지 살던 집보다
4배가 비쌌다. 높은 집세 때문에 남편은 몹시 주저하였다.

나는 남편을 설득하여 70년이 되었다는 단독주택을 빌렸다. 현
재의 우리 경제력으로는 모험이었으나 할 수 있다는 자신감만 믿고
제일 좋다는 학군의 집을 계약한 셈이다. 무지가 용기였던 것 같다.

스카스데일에는 아파트가 거의 없었다. 아파트를 빌릴 수가 있
다 하여도 아이들의 음악 연습 때문에 단독주택을 빌려야 했다.

5개의 침실과 3개의 목욕실, 거실에는 벽난로가 있고, 천장이 높
아 이야기 동화 속에 나오는 집처럼 매우 아름다운 집이었다. 정원
에는 각종 꽃이 만발하고 뒤뜰 세단을 내려서면 숨겨진 듯한 또 하
나의 정원이 있다. 여름이면 나는 그 곳에 호박과 고추를 심기도 했
다. 아이들이 아무리 늦은 밤이라도 마음 놓고 음악연습을 할 수 있
었다. 동네 골목마다 아름드리나무들이 있어 여름에는 하늘이 보이

지 않는다. 스카스데일에 도착하여 짐을 풀면서 남편과 나는 미국에 처음 정착할 때보다도 더 많은 어려움들을 겪었다.

트럭에서 피아노를 내리는데 또 한 번의 연극을 해야 했다. 남편은 이웃동네에 살고 있던 친구 분에게 부탁하여 건장한 미국인 3명을 데리고 왔다. 사례금으로 50달러를 주었다. 이삿짐센터에 부탁하면 1,200달러가 드는 이사비용을 남편과 나는 총 320달러로 끝낼 수 있었다.

문명의 나라 미국, 그 중에서도 가장 부자동네라는 스카스데일이 내게는 낯선 사막처럼 다가왔다. 새로운 환경에서 앞으로 수없이 많은 장애를 또 다시 헤쳐가야 한다는 압박감이 밀려올 때마다 자신감을 잃지 않으려고 노력했다.

이 동네의 집값은 바로 인접한 학군과의 집값과 크게 차이가 난다. 미국에서 가장 부유한 마을 중의 하나이며 한 학생당 연간 교육비가 미국의 공립학교 중에서 가장 높은 곳이다.

아무리 큰집이라도 주택 하나에 한 가족만 거주하며 그 지역에 거주하는 자녀만이 그 학교에 다닐 수 있다. 만약 다른 지역에 사는 학생이 이 학교에 다니기를 원하면 사립학교의 학비만큼을 내야 다닐 수 있다.

PTA(Parent-Teacher Association)에 처음 갔을 때 나는 학부형들의 옷차림이나 겉모습이 모두 영화배우 같다는 생각을 했다. 미국에서 부와 미모, 명예를 다 갖춘 여자를 말할 때, '스카스데일 우먼'이라고 하는 상징적인 어휘가 생겼을 만큼 부유한 동네이다. 아이들 또한 세상의 어려움이란 겪어보지 못하고 조상 몇 대에 걸쳐 이 동네에 살다 보니 '이사'라는 것을 해서 다른 동네에 한번 살아보고 싶다고 한다. 우리 아이들에게 이사할 때의 느낌이 어떠하냐고 묻는 아이들이 있더라는 것이다.

젊은 부부들은 이 동네에 새로 집을 마련하기가 힘들기 때문에 5개의 초등학교 학생수가 조금씩 줄어드는 현상이 있기도 하다. 우리 아이들이 이 동네에 살면서 친구의 생일파티나 스위트 열 여섯 살(Sweet 16th) 생일파티에 초대받아 다녀온 후, 부유한 가정을 보고 혹시 기가 죽거나 마음이 다칠까봐 가장 염려스러웠다.

이곳은 대대로 내려오는 부유층과 절대적인 가치를 자식의 교육에 두었던 성공한 유태인들의 마을이다. 학부모 중에는 2차 세계 대전 때 유태인 대학살 현장에서 살아나와 성공하여 이 마을에 정착한 사람들도 있었다. 많은 친구들 집에는 수영장과 테니스장이 있고 때로는 거실에서 직접 통하는 지하수영장을 겸비하고 있는 집들도 있다.

스위트 열 여섯 살 생일에는 버스를 대절해 학교 친구들을 맨해튼에 있는 자유의 여신상이 바라보이는 부둣가로 데리고 가 허드슨 강에 배를 띄우고 화려한 파티를 열어주는 부모들도 많았다. 미국에서 많은 부모들은 딸의 열여섯 번째 생일에는 스위트 열 여섯 살이라 하여 특별한 생일파티를 해준다. 파티를 열어주지 않을 경우에는 보통 생일과 달리 특별한 생일 선물을 준다. 16세가 넘으면 이제 더 이상 소녀가 아니고 숙녀로서 사회에 등장한다는 것을 의미하며, 운전면허증을 받을 수 있고 부모의 허락 없이 결혼도 할 수 있다. 이 연령 제한은 주마다 조금씩 다르다.

부유한 가정에서는 많은 친척, 친지들과 딸의 친구들을 불러 성대한 파티를 열어준다. 아이들의 감정이 동요되지 않게 하기 위해서 우리 부부는 기회가 있을 때마다 유태인들이 이렇게 자리잡기까지 그들의 조상들이 어떻게 고난의 길을 걸어왔으며, 우리 또한 자식의 교육을 위하여 이곳으로 찾아왔음을 환기시키면서 아이들이 분명한 목적의식을 갖고 공부에 임하도록 가르쳤다.

지위와 기회의 나라

- 능력사회 -

미국의 고등학교를 방문해 보면 한국의 고등학교에서는 상상이 가지 않는 광경을 목격하게 된다. 학교의 지정된 구역에 흡연구역이라는 간판이 있고 쉬는 시간에 학생들이 그 밑에 옹기종기 모여 담배를 피운다. 또한 여기저기 남녀 학생들이 포옹하며 속삭이기도 하고 키스도 하고 있다가 수업시작 종이 울린 후에도 헤어지는 것이 아쉬워서 서로 안고 있는 남녀 학생들을 보게 된다. 지나가던 선생님이 수업에 들어가라고 툭 치며 지나가기도 한다.

점심시간에 카페테리아에 가보면 흑인, 백인, 한국인, 일본인, 남미인, 운동선수, 너드(Nerd, 두뇌는 명석하나 세상 물정 모르는 사람) 등 서로 성격이나 취미, 피부색, 민족별로 끼리끼리 모여 앉아 점심을 먹는 것을 보게 된다.

우리가 스카스데일로 처음 이사 왔을 때 아이들이 점심시간에 카페테리아에 가서 한국 학생들의 그룹이 없어 어느 그룹에 끼어야 할지 당황스러웠다는 이야기를 한 적이 있다.

이 동네의 동양인은 대부분 일본인이다. 이상스럽게도 일본 학생들과 미국 학생들은 잘 어울리지 않는다. 이 '끼리끼리(Clique)' 문제로 학생들이 일주일에 한 번씩 모여서 진지하게 토론회를 갖는다. 나는 많은 한국의 부모들로부터 마약과 범죄와 십대의 임신 등과 같은 어려운 문제로부터 어떻게 아이들을 보호했으며 소수민족으로서 어떻게 교육에 성공할 수 있었느냐는 질문을 받는다. 또한 미국에서의 인종차별을 어떻게 극복하였느냐는 질문도 자주 받는다.

인간은 태어나면서 이미 생존경쟁의 대열에 참여하면서 이기주의에 의한 대립이 전개된다. 이 또한 동서양이 다를 수 없으며 미국이나 한국이나 마찬가지이다. 쇼펜하우어는 "한 인간의 이기심은 우주보다도 더 크다."라고 하였다. 인간은 모든 곤궁에서 벗어나 자기의 삶을 유지하려는 이기심과 절대적인 욕구를 갖고 있다. 그러므로 인간의 이기심과 자기의 사욕을 충족시키려는 욕구가 인간과 인간 사이에 존재하는 한 국가의 제도나 법의 힘, 정치적인 제도에 의해 이 사회가 일종의 낙원으로 변한다는 것은 불가능한 일이다.

정치와 법과 제도에 의해 이루어지는 이상적인 유토피아를 현실세계에서 찾으려는 생각은 하지 않는 것이 좋다. 단일 민족인 우리 한국 사회에서도 '끼리끼리'의 폐단 때문에 발생되는 허다한 사회문제를 접하게 된다.

학연, 지연 때문에 능력 있는 사람들이 밀려나는 현상을 많이 보아왔다. 미국에서 1968년 6월 평등권에 관한 법률(Civil Rights Act)이 공포됨에 따라 성, 인종, 종교, 민족에 관계없이 누구든지 자기가 원하는 곳에 집을 사거나 세를 얻을 수 있으며 피부색, 종교, 성 등 어떠한 차별도 법에 의해 금지되게 되었다.

이 법령에 의해 외형적으로는 인종차별의 문제가 많이 줄어든 것처럼 보인다. 미국은 전 인구의 40%가 이민족(Non English)으로 이루어져 있다. 미국은 안이한 생활을 꿈꾸며 기대한 만큼의 행복을 누릴 수 있는 곳이라고 생각하면 안 된다.

인간의 꿈과 소원이 쉽게 충족되는 곳이란 이 세상에는 없다. 인간은 가는 곳마다 암초와 장애를 만나게 되어 있다. 인간의 생애는 휴전 없는 싸움의 연속이며 끊임없는 투쟁과 도전이다. 끝없이 방대한 세계를 하나의 공간으로 보고 끊임없이 도전해 나가야 한다. 시시각각 빠른 속도로 변해 가는 세상에서 삶의 의지를 강하게 유지하도록 아이들에게 가르쳐야 한다. 미국이 통상, 투자, 과학기술, 첨단의학 등 모든 분야에서 한국과 가장 중요한 상대국인데, 미국에서 공부한 사람은 수없이 많으나 정작 미국을 분야별로 깊이 연구해서 한국과 미국 간의 무수한 과제들을 해결하고 지원할 인재는 많지 않다.

우리나라의 우수한 유학생들과 이민자의 자녀들이 머지않은 장래에 한국으로 힘을 향하는 세대가 다가오고 있다고 나는 확신한다.

미국의 대학은 인종이나 국적, 피부색, 종교, 성을 초월해서 입학허가를 주어 능력 있는 실력자로 키워 미국을 위해 일하게 하고, 나아가서 세계를 위해 일하게 한다. 미국에는 외국인이면서 성공한 이들이 많이 있다.

미국의 인권 차관보에 임명된 한국인 고홍주 박사.

일본 사람이면서 보스톤 심포니 오케스트라(Boston Symphony Orchestra)의 상임지휘자 세이지 오자와(Seiji Ozawa).

대만인이면서 AID 치료 연구에 공로가 크므로 1996년도 타임 매거진(Time Magazine)의 "Man of the Year"로 뽑혔던 데이비드 다이 호(David DA-I HO) 박사.

유태인으로 15세에 미국으로 이민을 와서 미국의 국무장관까지 지낸 핸리 키신저(Henry A. Kissinger).

이 외에도 인류와 세계를 위해 일하고 있는 성공한 사람들이 무수히 많이 있다.

우리가 어떤 사회에 존재하든지 간에 예절과 질서를 지키면서 성실한 마음으로 정의감을 갖고 책임을 다하면서 살아가면 성공할 수 있다고 나는 확신한다.

나의 세 아이들이 공부, 음악, 미술 각 방면에 두각을 나타내면서도 그들의 공부에 대한 욕구는 끊임이 없었다. 그것은 부모가 성실하게 한눈팔지 않고 그들을 위해 최선을 다하고 있다는 것에 대한 말없는 보답이라고 생각되어진다. 또한 모습이 다르게 생긴 이방인들 틈에서 조국에 대한 그들대로의 사랑을 품는 또 다른 방법으로의 표출이었다고 생각한다. 나는 아이들에게 국적을 초월해서 모든 면에 최선을 다하도록 했다.

1930년대까지만 해도 미국에서 유태인에게 차별이 심하여 집을 팔거나 빌려 주지 않았다. 유태인들은 외모로 보아 언뜻 백인들과 잘 구별이 가지 않는데도 백인들과의 문화적 차이 때문에 차별이 심하였다. 그러나 교육에 절대적인 가치를 두었던 조상들 덕으로 유태인들은 미국뿐만 아니라 전세계의 부를 손에 쥐고 있는 민족이 되었다. 그들보다 100년 늦게 미국 이민을 시작한 한국인들도 미래에 많은 중요한 일을 할 것이라 믿는다.

미국은 자유와 기회의 나라이다. 누구든지 원하는 것을 위해 노력할 의지만 있다면 누구나 자신이 원하는 어떤 것도 이룰 수 있는 자유의 나라이다.

나는 맨해튼을 걸을 때 동양인들이 많으면 기분이 좋다.

동양의 많은 실력자들이 나와서 생김새와 피부 색깔에 의해 차별

받던 세대가 역사 속으로 묻히는 날이 머지않아 오리라 믿는다. 세
계인으로 키우는 것은 자신들에게 위대한 교육의 기회를 준 미국을
사랑하고 모국을 더욱 사랑하여 결국은 세계와 인류를 사랑하는 인
간으로 만드는 것이다.

즐거움과 봉사를 가르쳐라

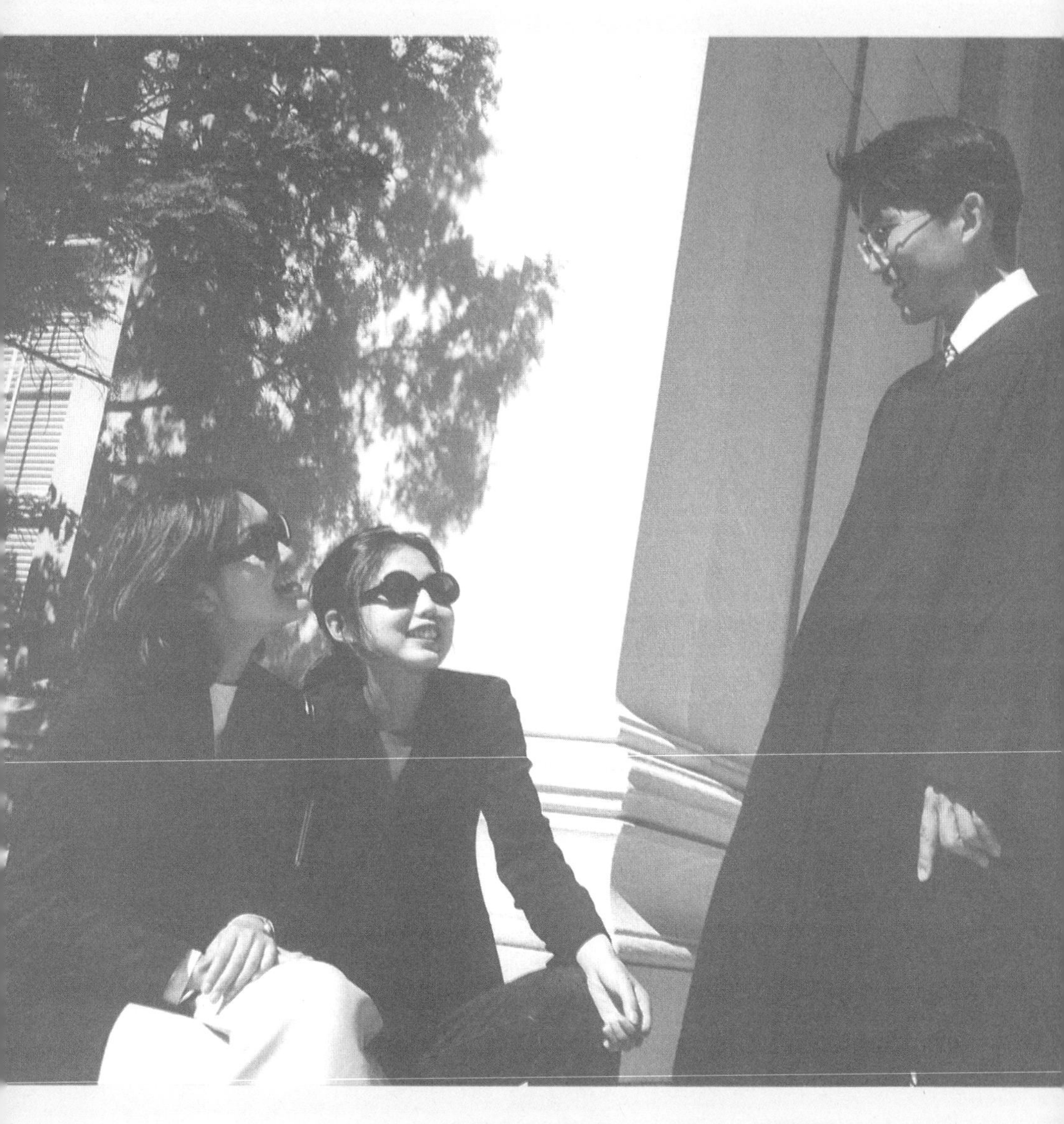

줄리아드 예비학교
(Juilliard's Pre-College)

줄리아드 예비학교는 어린 아이부터 11학년(우리나라 고등학교 2학년)까지 음악에 재능과 자질이 우수한 학생들을 입학시험에 의해 뽑는다. 재능이 뛰어나면 아주 어린(3세 정도) 아이도 입학이 가능하다.

예비학교에 입학하기 위해서는 음악교육을 오래 받아서 상당한 수준의 실력이 있어야 합격할 수 있으며 초보자는 뽑지 않는다. 예비학교에서는 학교교육은 시키지 않으므로 평일에는 일반학교에 다니면서 토요일에만 음악교육을 받으러 가게 된다.

예비학교에는 오케스트라용 기악(Orchestral Instruments), 피아노, 발성법(Voice), 클래식 기타, 악곡(Composition) 등의 전공과목이 있다. 토요일 아침 9시에서 오후 5시까지 악기 훈련, 음악 이론, 듣기 훈련 등의 수업이 있고 개인별 악기 지도는 담당지도 선생님으로부터 1시간 동안 별도로 개인 레슨을 받는다. 담당 선생님의 사정에 따라 토요일에 예비학교에서 개인지도 시간을 배정받지 못하면 평일에 선생님 집이나 예비학교에 다시 와서 개인 레슨을 받아야 한다.

줄리아드 예비학교와 같이 연령 제한 없이 일반 고등학교 졸업 전에 재능이 뛰어난 아이들에게 집중적으로 음악교육을 시키는 학교로는 이스트먼 스쿨 오브 뮤직(Eastman School of Music, NY), 줄리아드 스쿨 오브 뮤직(Juilliard School of Music, NYC), 뉴 잉글랜드 컨서버토리(New England Conservatory, MA), 피버디 컨서버토리(Peabody Conservatory, MD), 커티스 인스티튜트(Curtis Institute, PA) 등 미국 동부지역에 5개 학교가 있다.

나는 스카스데일로 이사오자 마자 희라를 줄리아드에 넣기 위해 첼로를 가르치고 있던 선생님으로부터 맨해튼 음악학교(Manhattan School of Music)에서 첼로를 가르치고 있는 펠드만(Feldmann) 교수님을 소개받았다. 펠드만 교수님의 집은 맨해튼에 있었다. 교통이 혼잡한 맨해튼에서 운전하는 일은 여간 힘든 일이 아니다. 운전이 아주 익숙하지 않은 사람은 맨해튼에 차를 갖고 들어가기를 두려워할 정도이다. 레슨받는 학생들은 수업시간 10분 전쯤 도착해서 준비를 하고 있어야 한다. 60분 레슨 시간에서 10분 늦으면 50분밖에 레슨을 받지 못하기 때문이다. 레슨을 받기 위한 다음 학생들로 시간이 꽉 차 있기 때문에 정한 시간 외에 레슨을 더 받을 수가 없다.

레슨 시간에 늦을까봐 속력을 내서 달리다가 속도 위반으로 교통경찰에게 붙잡혀서 벌금을 낸 적도 있다. 맨해튼은 파킹료가 엄청나게 비싸다. 미드타운 같이 복잡한 곳은 잠시 멈추어 있는 사이에도 경찰이 다가와서 정차를 못하도록 금지한다. 희라가 레슨을 받고 있는 동안에 나는 주위를 뺑뺑 돌면서 기다려야만 했다.

펠드만 교수님과 열심히 공부한 후 희라는 줄리아드 예비학교에 합격하여 문로우(Munroe) 선생님을 만날 수 있었다. 문로우 선생님은 뉴욕 필하모닉 오케스트라(New York Philharmonic Orchestra)의 첼로 파트 제1주자로 있으면서 줄리아드에서 첼로를 가르쳤다.

70세를 바라보는 선생님은 그 많은 연세와 권위에도 불구하고 조금도 거리감을 느낄 수 없을 만큼 어린아이 같은 천진함과 순수함을 겸비하고 있었다. 문로우 선생님 덕분에 나는 뉴욕 필하모닉 오케스트라 연주회를 무료로 갈 수 있었다.

인생길에서 젊었을 때 훌륭한 스승과 지도자를 만날 수 있다는 것은 분명히 하느님의 축복이다. 아이들이 훌륭한 스승을 만나서 그분들의 눈과 마주칠 때 아이들에게 뜨거운 열정이 생기며 무한히 아름다운 꿈을 품게 되고 끝없는 용기가 생긴다. 아이들이 어릴 때 훌륭한 스승을 만나게 해 주는 것은 부모의 가장 중요한 의무 중의 하나라고 생각한다. 그래서 나는 세 아이들의 교육에 중요하다고 생각되는 선생님에 관한 이야기를 듣게 되면 세 아이들을 차에 태우고 아무리 먼 거리라도 상관하지 않고 선생님을 찾아 나서곤 했다. 나는 아이들에게 자신의 분야에서 성공한 분들을 만날 때마다 그분들의 모든 면을 잘 들여다보고 배우도록 강조했다. 나는 희라에게 문로우 선생님이 뉴욕 필하모닉 오케스트라 첼로 제1주자를 할 수 있었을 때까지의 음악의 테크닉은 물론 인생의 모든 경험과 노력, 인격을 배우도록 했다.

때때로 아이의 음악수업에 참관하여 음악 공부하는 것을 지켜보면 선생님과 아이와 나는 어느새 한마음이 되어 있는 것을 발견하게 된다. 음악은 만인의 공통어이다.

미국에 도착한 지 얼마 되지 않아 아이들의 언어가 전혀 통하지 않을 때의 일이다.

나는 미국으로 떠날 때 평소에 즐겨 듣던 클래식 음악 테이프를 모두 가지고 갔다.

희민이가 유치원에 들어간 지 얼마 안 되어서 베토벤 심포니 5번 테이프(Beethoven Symphony #5 Tape)를 학교에 갖고 가야 한다는 것이다. 음악시간에 담임선생님이 베토벤 심포니 5번 테이프를 갖고 있는 사람은 손을 들어 보라고 했는데 반에서 희민이 혼자뿐이었다고 한다. 선생님은 희민이에게 그 테이프를 학교에 갖고 올 수 있느냐고 물어 왔다고 한다. 희민이는 베토벤 음악을 특별이 좋아해서 심포니 5번 4악장을 거의 매일 듣는다. 말이 잘 안 통해서 영어를 잘 이해하지 못할 때인데도 음악과의 대화 내용은 전부 이해할 수 있었던 것이다.

이 사건 이후로 희민이는 눈이 파란 소녀들로부터 "You are the best musician after Beethoven"이라고 불려졌다.

희라를 줄리아드에 입학시켜 놓고 나는 희원이와 희민이 바이올린 레슨을 위해 코펙(Kopec) 이라는 분을 찾아갔는데 이분은 줄리아드에서 바이올린을 가르치다가 우리 동네에서 아이들을 가르치고 있던 선생님이셨다. 그런데 선생님은 희원이의 전공을 피아노로 바꿀 것을 제안해 왔다. 생각해 보니, 희원이가 초등학교 3학년 때 미국에 도착하자마자 아나폴리스(Annapolis)의 피아노 콩쿨에서 상을 탔던 기억이 떠올랐다. 즉시 줄리아드 피아노 교수로 있는 아이즈너(Eisner) 교수를 소개받고 피아노 개인 레슨을 시작하였다.

아이즈너 교수님 또한 맨해튼에 살고 계셨으므로 선생님 스케줄에 맞춰 일주일에 한 번씩 희원이를 데리고 맨해튼으로 운전해야 했다. 레슨은 일주일에 한 번 받으나 일주일 동안 혼자 연습해야 할 숙제를 많이 받아온다.

아이즈너 교수님은 줄리아드 입학시험을 치를 때 심사위원 중의

한 사람이었다. 입학한 후 희원이는 아이즈너 교수와 5년간 줄리아
드에서 피아노 공부를 하였다.

독신이면서 70세가 훨씬 넘으실 때까지 평생 동안 줄리아드에서
피아노를 가르치던 노교수는 희원이가 대학 1학년 때 아파트에서 심
장마비로 홀로 세상을 떠나셨다.

희원이는 하버드대학에서 사회학을 전공하면서도 아이즈너 교수
님을 생각하며 피아노 연습실에서 많은 시간을 보냈다고 한다.

희라는 첼로 전공에 피아노 부전공, 희원이는 피아노 전공에 바
이올린 부전공, 희민이는 바이올린 전공에 피아노 부전공을 고등학
교를 졸업할 때까지 계속 시켰다.

세 아이들에게 피아노를 가르쳤던 박(Mrs. 한) 선생님은 웨스트
체스터 주(Westchester County)의 음악교사협회(Music Teacher
Association)의 회원으로서 우리 아이들에게 우리가 살던 지역에서
는 물론 카네기 홀(Carnegie Hall)에서 연주할 수 있는 기회를 만들
어 주셨다. 어릴 때 전문 음악가가 된 듯한 기분으로 많은 청중들 앞
에서 연주회를 갖는 경험은 인생길에 있어서 자신감을 얻을 수 있는
좋은 기회가 될 것이다. 미국에서 좋은 선생님을 찾아 음악교육을
잘 시켜 여러 가지 연주활동을 시킬 수 있었던 것이 내게도 많은 경
험이 되었고, 아이들이 대학에 들어간 후에 그들의 삶을 이끌어 가
는 데 큰 길잡이가 되었다는 생각이 든다.

미국에서 대학에 입학할 때 고등학교 4년간의 성적이 중요하시
만 과외활동 또한 그에 못지않게 중요하다. 미국의 고등학생들은 토
요일에 주로 파티를 하면서 쉬는데, 우리 아이들은 토요일마다 줄리
아드 예비학교에 가서 음악공부를 하고 주기적으로 연주회 활동을

하였던 것이 하버드대학 입학에 큰 도움이 되는 결과를 가져 왔다. 줄리아드 예비학교를 졸업한 학생들이 음악을 전공하기 위해 줄리 아드 음악대학으로 진학하지만, 반면 많은 학생들은 하버드와 그 외 일류대학에 합격하는 것을 보았다. 하버드에서는 그만큼 어떠한 면 에서나 열심히 노력하는 학생들을 원한다. 나는 음악이 좋아서 줄리 아드 예비학교에 보냈으며 음악가가 되기를 원하지는 않았다. 다만 남들이 쉬는 시간에 무엇인가 열심히 하는 것을 원했다. 하버드 입 학원서를 낼 때 줄리아드 예비학교에서 연주 활동한 테이프도 함께 보냈다.

뉴욕 유스 심포니 오케스트라
(New York Youth Symphony Orchestra)

펠드만(Feldmann) 교수님은 희라에게 뉴욕 유스 심포니 오케스트라(New York Youth Symphony Orchestra)에 오디션을 해보라고 추천해 주셨다.

뉴욕 유스 심포니 오케스트라는 1963년도에 창설되었다. 이 오케스트라의 멤버로 입단하기 위해서는 까다로운 오디션 심사를 거쳐야 한다. 본 단체는 12살에서 22살 사이의 유망한 젊은 음악가를 뽑아서 구성된 오케스트라이며, 큰아이가 멤버에 들어가던 해 단원의 평균 연령은 16세였다. 희라가 오디션할 당시 나이는 15세였다. 이 단원의 유효기간은 1년이며 1년 후에는 다시 오디션을 실시하여 뽑는다.

단원의 대부분이 음악가를 꿈꾸는 음악대학의 재학생이다. 우리나라의 유명한 지휘자 정명훈 씨도 이 단체의 멤버였던 적이 있으며 세계적인 바이올리니스트 아이작 펄만이 17세 때 이 오케스트라와 카네기홀 데뷔 콘서트를 했었다.

이 오케스트라 단원을 거쳐 후에 뉴욕 필하모니의 단원이 된 사람들도 여럿 있다. 희라는 오디션을 거쳐 14명의 첼리스트에 뽑혀 오케스트라 단원 중의 한 사람이 되었다.

오케스트라 단원이 되면 1년 동안에 카네기 홀에서 3번, 뉴욕 주변에서 3번의 순회 연주, 모두 6번의 연주회를 하게 된다. 이 연주회를 위해서 매주 일요일 오후 2시~5시까지 맨해튼 57가에 있는 카네기 홀에서 하는 연습에 참가해야 한다. 이때부터는 일요일에도 희라를 데리고 맨해튼에 가야 하므로 하루도 쉬는 날이 없었다.

일요일 아침에 가족과 교회를 다녀온 후 점심식사 후에 연습시간에 늦지 않기 위해 서둘러 운전을 하여 카네기홀 연습실까지 데리고 간다. 희라를 카네기 홀에 들여보내고 나는 또 주차비를 아끼기 위해 전쟁을 하면서 3시간을 차에서 기다린다.

갑자기 추워진 어느 겨울날은 담요를 미처 차에 준비하지 못해 차 속에서 추위에 벌벌 떨던 날들이 수없이 많았다. 희라는 월요일부터 금요일까지 학교공부, 토요일에는 줄리아드 예비학교, 일요일에는 카네기홀 연습 등 하루도 쉬지 못하여 입이 부르트곤 했다. 주위의 친구들은 토요일과 일요일에 편히 쉬면서 즐기는데 나는 아이들을 쉬게 할 수가 없었다. 아이들의 스케줄에 따라 운전을 해 주어야 하므로 나 또한 쉴 틈이 없었다. 운전하면서 쉬는 것이 내 생활의 한 방법으로 굳혀져 가는데도 마음은 희망과 성취감으로 안정되어 갔다. 솜처럼 피로한 몸도 아이들이 훌륭한 스승과 공부하며 세상에 존재하는 것들로부터 많은 것을 배우고 체험해 간다는 사실이 나를 지칠 줄 모르게 하였다.

전쟁과 수많은 역경을 넘는 격동의 삶을 사셨던 나의 친정아버님께서는 어떠한 어려운 환경에서도 음악과 함께 생활하는 지혜를 어린 시절부터 나에게 가르쳐 주셨다. 아버님께서 젊은 나이에 일본으로 유학 가셨을 때 취미로 바이올린을 연주하셨던 것이 외로움과 고달픔으로 흔들리는 감성을 안정시켜 주고 조율해 주어서 인내하실 수 있었다고 자주 말씀하셨다.

아름다운 음악은 아름다운 감성으로 훈련시켜 새로운 용기를 샘 솟게 한다. 나의 감성은 항상 나의 육체를 지배한다. 음악을 듣는 편 안한 감성이 나의 지친 육체를 지탱케 한 셈이다. 음악은 인류가 이 루어 놓은 위대한 업적이다. 음악이 인류에게 끼친 영향은 이루 헤 아릴 수 없다.

쇼펜하우어는 음악에 대해 다음과 같이 말했다.

"음악은 말로 형용할 수 없는 내면적 비밀을 전달하여 우리에게 친근하면서도 좀처럼 가까이 할 수 없는 낙원을 보여 준다. 베토벤 의 심포니는 그 속에 인간의 모든 감정과 격정, 기쁨과 슬픔, 사랑과 미움, 절망과 희망을 추상적인 방법으로 표현했으며, 형체가 없고 영혼만이 충만한 하늘나라와 같은 느낌을 준다. 웅대하고도 화려한 하모니를 들으면 영혼이 미역 감는 느낌이다. 그래서 모든 오물을 씻어버리고 사악하고 비열한 것을 제거할 수 있다. 이러한 하모니는 인간을 한결 높은 데로 끌어올리고 가장 고귀한 사상과 융합하므로 거기서 우리는 참된 가치와 의의를 느끼게 된다."

쇼펜하우어가 한때 염세주의에 빠져 세상을 방황하였으나 자기 의 삶을 72세까지 무사히 영위하였던 것은 음악을 사랑하는 마음 때문이 아니었나 하는 생각을 해 보았다.

미국 생활 3년 만에 희라는 뉴욕 유스 심포니 오케스트라 멤버가 되어 3년 동안 활동하면서 미국의 문화를 즐기며 미국을 잘 살아가 는 지혜를 터득할 수 있었다.

이렇게 하는 모든 과외활동이 하버드대학에 들어 갈 수 있는 큰

힘들이 되었던 것이다. 뉴욕 유스 심포니 오케스트라의 카네기홀 연
주회는 매번 신문에 게재되며 그 기록들을 보관했다가 대학입학원
서 제출 때 참고자료로 보냈다.

미술전문교육기관
(The Art Students League)

희민이는 학교수업에 미술시간이 들어있는 날에는 즐거운 표정이 역력하다. 집에서도 만들기를 한번 잡으면 잠자는 시간을 빼고는 밥 먹는 것도 잊어버리고 12시간 이상을 한자리에 앉아 있는 막내 희민이의 솜씨는 항상 내 머리 속에 숙제처럼 자리하고 있었다. 그래서 6학년 여름방학 때는 3개월의 긴 시간을 희민이의 미술 공부에 중점을 두기로 계획을 세웠다.

맨해튼 57번가에는 더 아트 스튜던트 리그 오브 뉴욕(The Art Students League of New York)이 있다. 이 학교는 138년 전 예술가들이 모여 설립했다. 설립 이후로 명성이 높은 많은 예술가들이 이 학교를 거쳐 갔다.

돌, 꽃, 동물뼈 등 자연의 영감을 표현하는 데 유명한 조지아 오키프(Georgia O’ Keeffe). 우범지대, 스트립쇼 등 미국의 하층사회를 잘 그린 레지날드 마쉬(Reginald Marsh). 벽화와 판화로 유명한 토마스 하트 벤튼(Thomas Hart Benton). 케네디 국제공항, 링컨센터 앞 등에서 볼 수 있는 금속판 철사, 나무 등을 사용해 추상적인 조각으로 유명한 조각가 알렉산더 칼더(Alexander Calder). 아상블라주(Assemblage)로 유명한 러시아의 조각가 로이 리히텐슈타인(Roy Lichtenstein) 등 그 밖의 많은 명성 높은 예술가들이 이 학교에서 학생들을 가르쳤고 현재 미국과 유럽 등 각지에서 활약하는 예술가들이 순수회화(Fine Arts Painting), 순수조각(Fine Sculpture), 순수 예술 인쇄(Fine Arts Print Making) 등을 가르치고 있다.

방학 동안에 희민이를 혼자 기차에 태워 맨해튼에 보내면 42번가 기차역에서 내려 다시 전철로 57번가까지 가야 한다. 초등학교 6학년짜리 아이를 혼자 맨해튼까지 보내는 일은 독립심을 키워 줄 수 있지만, 이는 특별히 용감한 미국 부모들도 잘 하지 않는 일이다. 복잡한 맨해튼에 혼자 보낼 것을 생각하니 다소 걱정도 되었으나 나는 희민이를 데리고 미술학교로 찾아가서 일단 등록을 하였다.

첫날 미술학교를 다녀온 막내는 다음날 시간이 되었는데도 갈 생각을 하지 않았다. 누나들을 동원해서 설득을 해도 가지 않겠다고 한다. 나는 막내를 차에 태우고 무조건 학교 앞에 아이를 내려놓고 돌아왔다. 그날 밤 잠든 막내의 방에 가서 학교에서 그린 스케치북을 들춰 보았다. 그곳에는 여자 나체를 스케치하다가 만 것이 여러 장 있었다. 교실에 처음 들어갔을 때 여자 누드 모델이 서 있는데 한창 사춘기인 희민이는 충격을 받아서 다시는 가고 싶지 않다고 누나들에게 털어놓았다고 한다.

엄마가 강제로 학교에 내려놓던 둘째 날에는 어떻게 했느냐고 물어보니까 교실을 이 방, 저 방 둘러보면서 하루를 보내고 돌아왔다고 한다. 그 다음부터는 점점 익숙해져서 선생님들로부터 칭찬받는 학생이 되어 여름방학 3개월을 무사히 마칠 수 있었다.

그때의 미술 교육이 기초가 되어 MIT에서 전자공학을 전공하면서 MIT 학생 취미 미술 그림대회에서 상을 받았다.

어릴 때부터 세계의 문화와 예술을 접하면서 살 수 있는 환경을

만들어 주는 일은 부모의 가장 큰 임무이며 책임이다. 나는 시간이
있을 때마다 아이들을 미술관에 데리고 가서 가능한 한 많은 것을
접할 수 있는 기회를 만들어 주었다.

국제리더십프로그램
(Presidential Class Room)

희원이와 희민이는 11학년 봄방학 때 일주일씩 워싱턴 (Washington D.C.)에서 열리는 국제리더십프로그램(Presidential Class Room Program)에 다녀왔다. 국제리더십프로그램은 미국 전역을 대상으로 장래가 촉망되는 고등학교 학생들을 뽑아 1주일간 워싱턴에 머물게 하면서 연방정부가 하는 일, 공공정책이 어떻게 전개되어 가는지를 실지로 참관하여 살피게 할 뿐만 아니라, 이 세상에서 가장 성공적으로 이루어 놓은 미국 민주주의 사회에서의 일반 시민의 역할을 포함하여 입법가와 각 분야 전문가들을 만날 기회도 주어진다. 그리고 각종 단체와 기업체 등이 어떻게 그 기능을 수행하는가를 직접 엿보게 한다. 또한 이 프로그램에 참가하면 하원과 상원 및 농무성에서 열리고 있는 회의를 방청할 수 있고, 미국의 수도에서 전개되는 과학과 기술, 경제, 환경문제, 기업, 노동자 등과 공공기관과의 관계에 있어서 연방정부의 역할 등과 대통령 후보 지명자, 언론인 등 뉴스에 등장하는 중요한 인물들을 접하게 한다. 그리고 전 세계에서 모여든 국제관계, 외교문제, 세계 경제 등을 조사 연구하는 미래의 세계 지도자들의 모임에 참석하여 일주일간 지도자적인 경험을 갖게 만든다. 특히 이 프로그램에서 특기할 만한 것은 30여 년 전 케네디(J. F. Kennedy) 대통령이 연설한 내용인, "이 나라가 그대를 위하여 무엇을 해 줄 것인가를 묻기 전에 그대가 그대의 조국을 위하여 무엇을 할 것인가를 스스로 물어보라(Ask not what your country can do for you. Ask what you can do for your country)"라고 국민을 향해 던진 질문에 대해 각자가 해답을 얻기 위한 방법을 모색하고 탐구하는 기회를 미래의 지도자가 될 우수한 고등학생들에게 갖게 한다.

클린턴(W. J. Clinton) 대통령은 고등학교 때 이와 같은 프로그램에 참석했다가 케네디 대통령을 만나 악수를 나눈 후부터 대통령에 대한 꿈을 품었다고 한다.

미래의 정치 지도자를 키우기 위해 어릴 때부터 우수한 학생들을 뽑아 훈련시키고 가르치는 미국의 여러 가지 프로그램을 접할 때마다 미국 정치 토양의 성숙된 한 면을 통해 많은 생각을 하게 한다.

7살짜리 막내아들의 캠프

두 번째 희원이를 낳고 4년 후에 아들이 태어나자마자 모두들 아들을 낳았다고 주위에서 환호성이었지만, 내 맘 한구석에는 막내가 여자들 틈에서 자라 성품이 연약하게 형성되면 어떡하나 하는 두려움이 앞섰다. 희민이가 7개월이 지나자 나는 시간만 나면 희민이를 데리고 높은 빌딩을 찾아가 기저귀를 찬 아기를 로비에 내려놓고 기어다니게 했다. 왜냐하면 많은 사람과 높은 빌딩에 대한 공포증을 대처해 나가는 능력을 키우기 위해서였다.

어느 날 나는 기저귀 가방을 들고 만 두 돌이 지난 희민이를 업고 동대문에 있는 서울운동장의 축구경기장(1970년대에는 운동 경기장이 이곳뿐이었다.)으로 갔다. 아기 업은 젊은 엄마가 표를 사기 위해 젊은 청년들 틈에 끼어서 줄을 서 있는데 모두들 의아한 눈빛으로 나를 쳐다보았다. 축구경기장 입장표를 사가지고 들어가 스타디움의 맨 꼭대기 넓은 자리를 차지하고 앉아서 축구경기를 지켜보았다.

아이들의 감성은 예민해서 환경의 영향을 흡수하는 능력이 매우 뛰어나다. 희민이가 축구가 무엇인지, 경기규칙이 무엇인지 아무 것도 모르는 나이이지만 축구장에서 벌어지는 군중의 함성과 열기, 생명력과 활력을 어릴 때부터 현장에서 익히게 하고 싶었다.

미국에 도착해서도 아들을 용기 있는 남자로 키워 보겠다는 나의 열의는 여전했다. 희민이가 7세 때 산 속의 통나무집에 2주간 열리는 캠프를 신청하였다가 나이가 어리다고 거절당한 일이 있었다. 간신히 부탁하여 캠프 후반 1주일 동안 참가할 수 있는 허가를 받았다.

희민이를 데리고 산 속에 도착해 보니 몇 개의 통나무집과 수영장, 음악교실, 말 타기 등의 시설이 있었다. 나무숲과 잔디밭 위로는 다람쥐와 토끼들이 뛰어다니고 통나무 집 안의 나무침대 밑으로는 도마뱀이 기어다녔다. 그래서 희민이는 지금도 그 캠프를 아기뱀 캠프라고 부른다.

한 통나무집 안에는 4명의 학생과 1명의 대학생 보호자가 있었다. 모두 모여 학생들이 원을 만들어 손뼉 치며 노래할 때 키가 작은 희민이는 팔이 짧아서 까치발을 서야 했다. 희민이를 산 속에 남겨 놓고 돌아서는데 불안한 마음으로 발이 떨어지지 않았다.

희민이가 4학년일 때는 20일간 암반을 타는 캠프에 보냈다. 희민이를 캠프에 보낼 때마다 사실상 나의 마음은 불안하였다. 20일 동안 밧줄을 잡고 암반을 탄 후에 돌아온 막내의 손바닥은 부르트고 벗겨지고 온통 상처투성이었다.

밧줄을 잡고 오르다가 바위 중간에서 밑을 내려다보면 떨어져서 꼭 죽을 것만 같았다고 희민이는 말했다. 희민이의 손바닥을 들여다보며 남편은 몹시 마음 아파했다.

한국적인 사고로 생각하면 장손인 희민이에게 이해할 수 없는 일들을 나는 실행하며 키웠다. 많은 한국의 어머니들은 아이들에게 어려움을 대처해 나가는 용기와 지혜를 터득할 수 있는 기회를 스스로 포기하고 과잉보호 대열에 서 있다. 그것이 얼마나 아이들에게 잘못된 교육을 하고 있는 것인지를 깨닫지 못하고 있다. 이렇게 훈련받은 희민이는 MIT에서 각종 운동경기에 참가하며 대학생활을 활력 있게 보냈다. 대학생활을 하면서 3천 마일이나 되는 미국의 동부와 서부를 운전하며 5번이나 횡단했다. 광활한 대지에 홀로 있는 고독을 경험하면서 많은 것을 생각하였다고 한다.

음악캠프(Music Camp)

희라와 희원이는 여름방학이 되면 좋은 음악캠프를 찾아서 보냈다.

6주 동안 하는 여름음악캠프에 둘을 보내려면 경비가 많이 들었다. 미국 아이들이 3개월 동안 여름방학 때 부모와 여행하고 여름 별장의 해변에서 선탠을 할 때 우리 아이들은 캠프에 가서 그림공부를 하고 음악 훈련을 하면서 미국 아이들보다 넞 배 노력하는 여름방학을 보냈다.

희라가 15살, 희원이가 12살 때 노스캐롤라이나(North Carolina) 주에 있는 이스턴 뮤직 페스티발(Eastern Music Festival)이란 캠프에 보냈다. 이스턴 뮤직 페스티발은 6월 중순부터 7월 말까지 진행된다.

이 캠프는 12살에서 20살 사이의 학생 중 음악에 재능이 뛰어난 학생들을 엄격한 오디션을 거쳐 뽑는다. 해마다 여름방학에 미국 전역과 세계 여러 나라에서 약 200여 명이 참가한다. 아침 9시부터 오후 4시까지, 월요일에서 금요일까지 전공악기를 개별 지도하고 실내악 경험, 교향악 단원이 되어 훈련받는다.

토요일과 일요일에는 지역주민을 위한 연주회를 하고 파티도 한다.

대부분 음악가의 꿈을 품은 고등학생과 음악 대학생들이 구성원이다. 12살짜리 희원이는 단원 중에서 가장 나이가 어려 힘들다는 편지를 자주 보내왔다. 아이들이 캠프에서 돌아오면 음악과 영어실력은 물론 인내심과 독립심이 좋아진 걸 느낄 수 있다. 방학이 다가오면 나는 우리 아이들에게 필요한 캠프를 찾기 위해 노력했다. 이름난 캠프는 1월부터 신청을 해야 입학허가를 얻을 수 있다. 고등학교 9학년부터는 여름방학에 무엇을 하였는지를 대학입학 원서에 써야 한다.

다양한 프로그램의 캠프

여유 있는 미국의 부모들은 긴 여름방학 동안에 아이들을 각종 캠프에 보내고 아이들로부터 해방되어 자유로운 여름을 지내는 사람들이 많다. 또한 3개월의 여름방학을 자녀의 특기를 개발하는 데 좋은 기회라고 생각하고 특별히 흥미 있거나 재능 있는 분야를 선택해서 집중교육을 시킨다.

미국에는 한국에서는 상상이 안 되는 다양한 프로그램의 캠프의 수가 무려 3,000개가 넘는다. 크게 분류하면 아카데믹 캠프, 아트 캠프, 스포츠 캠프, 특수분야를 훈련하는 캠프 등 다양하며, 방학 동안에 캠프에 참여하면 흥미와 모험심, 독립심, 창의력, 학력 등을 발전시킬 수 있다.

희민이가 10학년 때 참가했던 로드 아일랜드의 디자인 여름캠프(Rhode Island School of Design Summer Camp)는 미술을 8주간 집중적으로 교육시키는 캠프이다. 뉴욕 주 버펄로 시에 있는 우수 청소년 프로그램(Young Scholars Research Participation Program)은 특히 저소득층, 소수민족의 16, 17세 청소년들 중에서 생화학, 건강학, 수학, 물리, 컴퓨터 등 이공계통에 우수한 학생들을 선정해 8주간 특수교육을 시킨다.

애리조나 주에 있는 청소년 지도자 워크숍(Youth Leadership Workshops)는 청소년의 리더십을 훈련시키는 캠프이다. 캘리포니

아의 자메슨 목장캠프(Jameson Ranch Camp)는 스포츠, 야생, 춤, 천문학 등을 배우는 캠프이다. 매사추세츠주(Massachusetts)에 있는 나와카 캠프(Nawaka Camp)는 도자기, 보석세공, 사진기술 등을 배우는 캠프이다. 방학 동안에 아이들의 상상력도 풍부해지고 안목도 넓힐 수 있으며, 여러 방면의 창의력과 경험을 넓힐 수 있는 프로그램들이 참으로 다양하다.

방학이면 한국에서 언어연수라고 하면서 몇 십 명이 무리를 지어 영어권 나라로 연수를 떠나는 것을 많이 보게 되며, 여러 학부형으로부터 문의를 받기도 한다. 학부모들은 아이들이 영어를 배울 수 있다는 기대 속에 보내는데 한국 아이들끼리 몰려서 2주 내지 4주간 다녀오는 것은 단지 경험과 관광을 위한 여행이라고 생각하면 된다. 영어를 잘 하려면 실지로 미국의 캠프에 참여시켜 미국 아이들과 잠자면서 생활하고 과외활동을 하면서 미국의 문화를 경험하고 돌아올 수 있게끔 해야 한다.

특별히 어떤 한 분야를 방학 동안에 집중적으로 교육시키기를 원하면 전문분야, 예를 들어 테니스, 축구, 사진기술, 또는 과학 분야, 수학 등 그 분야의 캠프를 찾아서 보내면 된다.

특히 유명한 캠프는 그 해 여름 프로그램이 1월 달에 마감된다는 것을 명심해야 한다. 미국인들은 스포츠 캠프는 초등학교 때부터 전문 캠프를 선택하나, 대체로 여러 가지 창의력을 발휘할 수 있는 캠프를 보내고, 중·고등학교 때는 부족한 학과목을 보충하거나 특수하게 잘 시키기 위해 아카데믹한 분야를 선택하는 사람들이 있다.

미술 교육과 닥터 버키(Dr. Burkey)

어느 날 H고등학교를 졸업하고 S미술대학에 지원했다가 실패한 영주라는 학생이 미국의 미술대학에 지원하는 방법을 도와달라며 나를 찾아왔다. 자세한 이야기를 들어본 후에 나는 인터넷으로 미국의 각 미술대학에 입학원서를 요청해 놓고 영주에게 그 동안 만든 조각품과 그림들의 포트폴리오를 만들어 오라고 돌려보냈다. 미국의 미술대학에서는 지원하는 학생들의 작품을 직접 볼 수 없으므로 그 동안 작품의 포트폴리오를 요청한다.

머칠 후에 빈손으로 나타난 영주는 몇 년 동안 다닌 미술학원에 찾아가서 그 동안 그린 작품들을 돌려 달라고 요청하였더니 대학에 떨어졌으므로 모두 버렸다고 해서 포트폴리오를 만들 수가 없다는 것이다.

나는 영주로부터 그 소리를 듣는 순간 가슴이 무너져 내리는 소리가 들리는 것 같았다.

희원이가 한국에서 초등학교 2학년에 다닐 때 미술시간에 있었던 이야기이다.

1980년대 서울의 초등학교의 한 반 학생 수는 무려 80명이나 되었다. 미술시간에 학생들 모두가 그림책을 보고 똑같은 그림을 그렸다고 한다. 그때가 겨울인지라 교실에는 석탄 난로가 타고 있었다. 미술시간이 끝나는 종이 울리자 선생님은 아이들의 그림을 모두 거두어서는 보지도 않고 학생들이 보는 앞에서 석탄이 타고 있는 난로 속으로 모두 집어넣어 태워버렸다고 한다.

어린 아이들의 예민한 감성에 뿌리내린 추억은 평생 동안 지워지지 않는다. 희원이는 그때 담임선생님의 행동과 반 친구들의 동그래진 눈망울들이 성인이 된 지금도 머릿속에서 지워지지 않는다고 한다.

미국에 도착하던 해 여름, 한 번도 미술 개인지도를 받아본 일이 없는 희라가 한 대학에서 주최하는 미술대회에 입상하여 미술 여름학교(Art Summer School)에 갈 수 있는 장학생으로 뽑혔다.

스카스데일(Scarsdale)로 이사 온 후에도 나는 희라의 미술 교육에 대한 집념을 버릴 수가 없었다.

다행히 가까운 곳에서 활발히 작품 활동을 하고 있는 화가가 운영하는 미술 학교를 찾을 수 있었다. 바로 입학원서를 제출했으나 자리가 없어서 1년을 기다려야 했다. 이 학교에서 2년간 미술공부를 하면서 많은 작품을 낼 수 있었다.

대학 입학할 때 화가 선생님은 포트폴리오를 만드는 데 도와 주셨고 하버드의 건축학과를 졸업한 화가의 남편은 자진해서 희라에게 추천서를 써 주었다. 하버드 대학은 졸업생이 추천서를 써주면 많은 도움이 된다.

닥터 버키(Dr. Burkey)는 스카스데일 고등학교의 미술 선생님이시다.

세 아이들 모두가 이 선생님에게서 미술을 배웠다. 정년퇴직을 바라보는 노화가 버키 선생님은 동양의 아이들이 따뜻한 마음을 갖고 있다면서 특별히 우리 세 아이들을 좋아하셨다. 세 아이들이 대학에 입학원서를 낼 때마다 필요한 포트폴리오를 만드는 데 많은 도움을 주셨다. 버키 선생님 또한 자진해서 추천서를 써주셨다. 미국 대학에 지원할 때 어떤 학과를 지원하든지 간에 고등학교 때 만든 미술작품은 큰 도움이 된다. 몇 년간 모아둔 미술작품들을 슬라이드 필름에 담아 포트폴리오를 만들어 미술 선생님과 학생, 부모, 학장 (Dean, 카운슬러) 등의 의견을 참고해 그 중에서 잘 된 것 15~20개를 뽑아 대학에 보낸다.

고등학교 때의 미술작품들은 반드시 미술대학에 지원하는 학생들에게만 필요한 것은 아니다. 세 아이들 모두 하버드와 MIT 일반학과에 지원하면서 아트 포트폴리오를 만들어 보냈다.

대학에서는 이를 통해 그 학생의 가능성과 창의성을 검토하는 자료로 활용하고 있으며, 또한 얼마나 충실하게 고등학교 생활을 보냈는지를 살펴보기도 하며 입학 전형에 반영시킨다.

학교신문의 운영담당부장
(Chief of Business Manager)

아이들 고등학교 파킹장에 가면 마치 자동차 전시장 같다.

페라리(Ferrari), 포르쉐(Porsche), 시보레 코르벳(Chevrolet Corvette) 등 최고의 스포츠 차는 물론 메르세데스 벤츠(Mercedes-Benz), 알파로메오(Alfa-Romeo), 재규어(Jaguar)도 볼 수 있다. 물론 낡아서 굴러갈 것 같지 않은 차들이 더 많다. 그런데 부모가 부자인 아이들일수록 낡은 차를 타고 다닌다. 나는 조그만 차를 희라의 열여섯 번째 생일선물로 사주었다. 많은 친구들이 열여섯 번째 생일이 되면 화려한 파티를 해주는데 나에게는 그럴 만한 경제적 여유나 마음의 여유가 없었다.

희라가 차를 운전하게 되면 나에게 많은 도움이 된다. 세 아이들의 레슨을 위해 내가 운전하는 시간을 줄일 수 있고 집안의 여러 가지 일도 도와줄 수 있다. 동생들의 레슨이나 식품점에 가는 일, 특히 희라 자신의 활동이 자유로워지므로 여러 가지로 편리해진다.

주마다 다르지만 뉴욕 주는 16세가 넘으면 주니어 운전면허를 얻을 수 있다. 단, 저녁 9시 이후에는 운전하지 말 것, 고속도로와 시내에는 들어가지 말 것 등 몇 가지 금지된 사항이 있다.

희라가 10학년이 되었을 때 희라는 학교신문의 운영담당부장(Chief of Business Manager)이 되었다. 미국 고등학교에는 한국의 대학신문과 같이 학생 자치회에서 담당교사의 지도 아래 자율적으로 운영하는 신문이 있다. 학교신문은 광고비와 학부형으로부터 구독료 형식으로 받는 기부금으로 운영된다.

학교 학생의 대부분이 유치원부터 같이 자라온 친구들인지라 9학년 때 전학 온 희라가 선거를 통해 학생회 간부가 되는 일은 쉽지 않은 일이었다. 희라는 여러 가지 음악활동을 하느라고 주말에도 쉴 틈이 없이 바쁜데도 학생회 간부 일을 맡게 된 것을 좋아했다.

운영담당 부장은 학교신문의 재정을 책임지는 자리인지라 학교 내의 학생들과의 관계는 물론 외부와의 거래, 특히 학부모와의 유대관계를 잘 관리해야 하는 복잡하고 일이 많은 자리이다.

희라가 그 자리를 맡고 난 후 학교신문 재정 상태를 검토해 보니 몇 년째 거래해 온 인쇄소에 4천 5백 달러의 빚이 밀려 있었다고 한다.

이 고등학교 신문이 해마다 고등학교 저널리즘 콘테스트에서 최우수상을 받은 신문임에도 불구하고 그 동안 신문을 담당한 간부들이 운영을 부실하게 하여 인쇄소에 빚이 누적되어 있었다. 그 달의 신문을 곧 인쇄해야 되는데 오랫동안 거래해 오던 인쇄소에서 빚 때문에 신문 인쇄를 거절하는 일이 벌어졌다. 희라는 이 자리를 맡은 것을 후회하였으나 이제 소용없는 일이었다. 며칠 동안 잠을 못 이루고 고민하던 희라는 그 동안 신문에 광고를 내고 광고비를 지불하지 않은 사업체를 정리해 보았다. 인쇄소 빚의 절반이 넘는 2천 5백 달러나 되었다. 희라는 선물로 받은 차를 타고 사업체마다 찾아다니면서 밀린 광고비를 전부 거두어들였다.

나머지 2천 달러는 교장 선생님을 찾아가서 사정 이야기를 말씀

드리고 학교재정으로부터 특별 융자를 받을 수 있었다. 4천 5백 달러의 인쇄소 빚은 청산하였으나 학교로부터 융자받은 2천 달러를 갚아야 하는 일이 남아 있었다. 희라는 1년치 학교신문 구독료로 10달러씩만 기부해 달라고 간절히 부탁하는 편지를 1,600여 명의 학부형에게 일일이 보냈다. 그 후로 우리집의 우체통은 학부형들로부터 보낸 10달러가 든 회답편지로 한동안 꽉꽉 찼었다.

그런 다음엔 학교 주변의 사업장을 상대로 학교신문에 광고를 낼 것을 부탁하며 다녔다. 희라가 이 학교를 졸업할 때쯤은 교장 선생님으로부터 융자받은 2천 달러를 모두 갚고 그 달의 신문 인쇄비를 현금으로 다 주고도 은행통장에 4천 달러를 남겨 놓았다. 학교신문의 지도 선생님은 졸업하는 희라에게 낙제시켜서 1년만 더 비즈니스 매니저를 시키고 싶다고 하셨다.

희라의 많은 친구들은 16번째 생일에 부모들이 화려한 파티를 열어주는데 희라는 16번째 생일선물로 받은 차를 최대한으로 이용하여 좋은 결과를 이루었다. 대학입학원서에는 지원하는 학생에게 고등학교를 다니는 동안에 무엇을 이루었는지(Achievement)에 관해 여러 각도로 질문한다.

이러한 것들이 한데 모여져 희라는 하버드 조기 입학(Early Action)에 합격하여 12학년 2학기는 자유로운 마음으로 봉사활동을 할 수 있었으며, 좋아하는 그림도 맘껏 그리며 지낼 수 있었다.

아이들의 봉사활동

　스카스데일 동네에 혼자 사는 노인들은 오후 늦게 돌보는 사람이 와서 밤을 같이 지내고 아침에 돌아가는 사람들을 고용하고 있지만, 낮에는 누구라도 찾아오는 사람을 기다리며 몹시 외로워한다. 마을 센터에는 이렇게 혼자 사는 노인들을 위해 가족 상담 서비스 프로그램(Family Counseling Service Program)이 있어서 고등학생들이 자원봉사로 이 프로그램에 참여하고 있다.

　세 아이들이 모두 이 프로그램에 가입하여 책을 읽어 주고 이야기 상대가 되어 주며, 때로는 식품점에 가서 필요한 물건을 구입해 주기도 했다. 명절 때는 아이들이 직접 만든 케이크나 과자 등을 들고 가기도 한다. 2, 3년간 이러한 봉사활동을 하다 보면 노인들과 아주 친해져서 노인들은 아이들로부터 기쁨을 얻고 아이들은 노인들로부터 많은 경험담을 들으며 지혜를 얻는다.

　희원이가 12학년 때 맡고 있던 노인은 98세였는데 희원이가 대학 졸업할 때에는 103세가 된다면서 그때까지 살아야 되겠다고 하시며 100년이 넘은 역사소설책을 선물로 주셨다.

　많은 학생들이 대학입시를 위한 봉사활동을 시작하지만 아이들의 감수성이 한창 예민할 때 여러 각도에서 사회와 직접 만나게 되어 많은 경험을 얻을 수 있다.

희라가 대학에 다닐 때의 일이다.

국제결혼한 한국 여자가 미국 남편으로부터 매일 매를 맞으며 살고 있다가 법원에 고소를 하였다. 한국말을 잘 하는 큰아이는 억울한 한국 여자를 위해 하루 종일 법원에 가서 통역을 도와주었다고 한다. 한국말을 잘 하는 것만으로도 불쌍하고 억울한 사람을 위해 일할 기회가 있었다고 말한다.

미국 대학에 입학하는 데는 SAT 점수, 과외활동, 봉사활동, 9학년에서 12학년까지의 학교성적, 학교 선생님과 동네 유지의 추천서, 대학관계자·동문과의 인터뷰, 고등학교 생활 중에 이루었던 업적 등 어느 것 하나 중요하지 않은 것이 없다. 일반 대학에 지원하면서도 미술작품의 포트폴리오, 음악 연주 테이프도 큰 도움이 된다.

세 아이들이 고등학교에 다니면서 줄리아드 예비학교에 다니고, 음악연주활동을 하고, 미술에서 여러 가지 작품을 만들고 상을 탔던 모든 기록 등이 하버드와 MIT에 갈 수 있었던 힘이었다. 미국의 우수한 미술대학, 음악대학은 그 특기 하나만으로 원하는 대학에 갈 수도 있다.

고등학교를 졸업하고 대학 진학 하나만으로 장래의 성패가 좌우되는 모순된 제도하에서 성장하고 있는 우리나라의 아이들을 생각하면 가슴이 저려온다. 한 분야에 타고난 재능과 천부적인 소질이 있는 아이들이 우리나라에 수없이 많다. 창의력을 억제당하고 재능과 소질을 무시당한 채 자신의 진로 때문에 방황하는 아이들이 우매한 어른들의 과오로 희생당하고 있다.

세 아이들을 미국에서 대학에 보내면서 대학입시제도, 입시개혁 문제로 사회가 떠들썩하거나 학부모들과 학생들이 당황하는 것을

들어보지 못했다. 재능 있는 아이가 원하는 분야의 대학에 진학을
못해 손해를 보았다거나 특권층의 아이가 특별대우로 특수대학에
진학했다는 이야기도 들어보지 못했다. 다만 정보화의 경쟁과 21세
기에 맞는 교육에 대한 진지하고 끈질긴 연구만이 활발히 이어지고
있다는 이야기만 들었을 뿐이다.

상장이 없는 졸업식

– 최우등생(High Honor) –

스카스데일에 이사를 와서 첫해에 학년을 마치는 날 아이들이 성적표 한 장만 달랑 들고 와서는 최우등생이 되었다고 하면서 성적표를 내놓았다.

그러면 상장이 어디 있느냐고 물었더니 상장은 따로 없다고 한다. 성적표를 자세히 들여다보니 성적표 한 코너에 HH(High Honor)라는 표시와 1%라는 표시가 있었다. 우등상장이라는 것이 따로 없는 것이다. 더구나 학업성적의 석차도 없고 전학년 학생 중에서 1% 안에 든다는 표시만 있었다.

졸업식 전날 학교에서 부모님을 초청한다는 초청장이 왔다. 졸업식 전날 상을 받는 학생과 부모만 초청해 놓고 선생님들 앞에서 상장을 주는 행사를 따로 하였다. 공부를 잘 하여 최고 성적을 낸 학생, 어떤 대회에서 우수한 성적을 낸 학생, 대외 음악 연주회나 미술 대회에서 상을 탄 학생, 지역사회나 학교를 위해 특별한 봉사활동을 한 학생들에게는 졸업식 전날 그 대상 학생들과 부모들만을 초청해서 선생님들이 지켜보는 가운데 상장을 준다.

이 대상에 들지 않는 학생들과 학부형들은 이런 행사가 있었는지조차 모른다.

졸업식장에서는 졸업장만 받는다.

졸업식 순서지에 졸업자 명단이 나와 있고 우수한 학생의 이름 앞에 HH나 H(Honor : 우등생)라는 표시만 되어 있을 뿐이다.

둘째인 희원이가 스카스데일 고등학교를 졸업하던 해부터는 우수한 학생 이름 앞에 붙이는 HH, H의 표시조차 없애기로 학생회(School Government)에서 결정하였다고 한다.

우리나라의 학교 앞을 지나다보면 "축, ○○○의 ○○대학 합격", "축, ○○○의 ○○대학 수석합격", "축, ○○○의 ○○대회 최우수상" 등 한 개인을 치하하는 현수막이 교문 위에 펄럭이는 것을 자주 보게 된다.

나는 이런 것을 대할 때마다 누구를 진정 위하는 것인지 판단이 서지 않을 때가 많다. 학교성적이 1등이었고 혼신의 힘을 다해 노력했지만 명문학교에 합격하지 못한 학생과, 명문학교에 못 가는 대다수의 학생들이 그 현수막을 보고 무엇을 느끼게 될까.

어떤 대회에서나 최선을 다했으나 상을 못 탄 사람이 더 많다. 명문학교에 합격하거나 대회에서 상을 타서 현수막에 나붙은 친구의 이름을 보고 많은 학생들이 무엇을 터득하게 될 것인가?

야망, 선망, 도전, 부러움, 경쟁심, 질투, 반항심…

또한 성적순위를 공개적으로 발표하는 것은 인류사회의 가치순위와 개성의 가치관과 존엄성을 고려하지 않는 일이다. 가족만큼이나 가장 가까이 오랜 시간 동안 한 교정에서 학업의 길을 걸어온 교우들 앞에서 학업성적이 우수한 것만으로 상장을 주는 것은 다수의 학생에게 부러움을 주어 도전하게 할 수도 있으나 더 많은 학생들에게는 지나친 경쟁심과 좌절감을 유발시키는 계기가 될 수도 있다.

물론 우수한 학생을 칭찬하고 격려하여 우수한 지도자를 양성하는 것도 중요한 일이다. 그러나 소수의 우수한 학생을 격려하다가 다수의 학생에게 좌절감을 안겨 주는 일 또한 생각해 봐야 할 과제이다. 또한 많은 사람들 앞에서 상장을 받은 사람은 오히려 교만해지기 쉽고 타의든 자의든 그 고지를 잃었을 때 잘못하면 낙오하는 계기가 될 수도 있다. 또 우수한 사람이 좌절했을 때 자기가 정상에 있었을 때의 화려함을 회상하고 더 깊은 골로 빠질 수 있다. 누구나 자기 인생에서는 자기가 주역이다. 교육의 현장에서는 학업성적과 관계없이 각자의 프라이드를 지켜주어야 한다. 동급생끼리는 일등과 꼴찌가 친한 친구가 될 수 있어야 한다. 개성이 뚜렷하고 사회와 이웃을 사랑하고 공헌했던 사람이 꼭 학교성적이 1등이었던 사람만은 아니다. 학교성적이 우수하지 않았던 사람이 사회적으로 성공하였고 사회와 조화를 잘 이루어 인류에게 더 큰 공헌을 한 예가 수없이 많다. 특별히 대접받고 특별히 인정받으려고 하는 욕구의 부작용이 편파적인 의식이 형성된 사회지도자를 길러내는 교육이 된다. 자유와 평등을 기초로 하여 개성이 존중되는 지혜 있는 교육이 필요하다. 모든 학생들에게 꿈이 있는 길을 열어 주어 독자적인 창의력이 발휘되어 자기의 꿈을 이룰 수 있는 교육이 대한민국에서 하루빨리 실현되어지길 바란다.

사랑을 박음질하다

찬밥의 행방

- 가족 사랑 -

나는 일터에서 집으로 오기 위해 차를 운전할 때면 집이 보이기 시작하는 곳에서부터 웃옷 단추를 끄르기 시작한다. 집에 도착해서 부엌으로 들어가기 전 옷을 갈아입는 시간을 절약하기 위해서 항상 하는 나의 버릇이다. 퇴근할 시간이 가까워지면 나는 집을 향하면서 '냉장고에는 무엇이 있더라?', '찬밥은 얼마나 남았더라?' 하고는 저녁 식탁 준비를 위해 골똘히 생각에 빠지곤 한다.

집에 도착하자마자 옷을 벗어 던진 후 소매를 걷어 올리고 부엌으로 뛰어 들어가 밥을 짓고 반찬을 만들고 부산을 떨면 남편과 아이들이 하나씩 식탁으로 모여들기 시작한다. 하루의 일과를 마치고 오늘 저녁 반찬은 무엇일까 하고 모두들 기대에 찬 표정들이다. 세 아이들과 남편이 왁자지껄 떠들어대는 소리를 들으면서 저녁식사를 준비할 때마다 나는 가족들의 생명감 넘치는 활력에 피곤한 것도 잊어버리게 되고 반찬을 만드는 즐거움에 빠지곤 한다. 내가 반찬을 만들고 국을 끓이고 있는 동안에 남편은 세 아이들과 함께 식탁에 수저와 물컵, 밑반찬들을 정돈하면서 식사준비를 해나간다. 된장국을 푸고 새로 한 밥을 차례로 퍼서 각자 앞에 놔주고 어제 남은 찬밥을 내 밥그릇에 담아 자리에 앉는다.

몇 수저 밥을 뜨다가 반찬을 더 가져 오기 위해 내 자리를 잠깐 비우고 돌아서 있다가 다시 앉는 순간 남편은 나의 찬밥 그릇과 남편의 새로 지은 따뜻한 밥그릇을 바꾸어 된장국에 찬밥을 말아서 먹고 있다. 이런 일이 한두 번이 아니다.

내 앞에 놓인 따뜻한 밥그릇을 발견하는 순간 남편과 나는 서로 찬밥을 차지하려고 다투기 시작한다. 그럴 때마다 "찬밥이 항상 엄마 차지가 되는 것은 불공평하다."라고 남편이 말한다.

"나는 찬밥이 더 좋은데…."

밖에서 뛰어 놀다가 땀에 젖어 얼굴이 발개진 상태로 식탁 앞에 앉은 7살짜리 막내 희민이의 말이다.

"다음부터 찬밥은 내가 먹을게요. 찬밥은 뜨겁지 않으니까 빨리 먹을 수 있어서 좋아요. 빨리 먹고 내 방에 가서 숙제를 해야 해요."

초등학교 3학년인 둘째 희원이는 웬일인지 세 아이들 중에서 숙제가 항상 제일 많다. 6학년짜리 큰딸 희라는 말없이 저녁을 먹으면서 가족들의 이야기를 듣기만 한다.

요즘 아이들에게는 찬밥과 새로 지은 밥과의 차이에 대한 개념이 없다. 지금은 마이크로웨이브 오븐이 있어서 찬밥과 더운밥의 개념이 예전 같지 않고 그 차이를 피부로 잘 느끼지 못한다. 그래도 마이크로웨이브 오븐에 데운 밥이 새로 지은 밥과 아무리 같다고 하여도 새로 지은 밥만큼은 못하다.

전기밥솥에 남아있던 밥 또한 새로 막 지은 밥과 아주 다르다.

김이 모락모락 나는 새로 지은 따끈한 하얀 밥은 김치 한 가지만으로도 아주 맛있게 먹을 수 있다.

요즘은 예전보다 쌀밥을 덜 먹게 되어 쌀의 소비량이 많이 줄어들었다. 내가 어릴 때는 밥이 아주 중요한 주식이었다. 그때는 냉장

고나 오븐이 없었으며 양식도 넉넉지 않았으므로 식사 때마다 밥으로 인한 에피소드가 많다.

찬밥은 장독대 위에나 부엌의 시원한 곳에 보관했다가 밥을 뜸들일 때 한쪽에 넣고 데워서 주로 어머니들 차지가 된다. 새로 지은 밥은 할아버지, 할머니, 남편, 큰아들.... 등 집안의 중요한 사람 순서대로 밥을 펐다.

요즘은 잡곡이나 현미, 보리밥을 건강식으로 알고 오히려 선호하고 있지만 예전에는 쌀이 부족하여 잡곡이나 콩, 보리 위에 쌀을 따로 얹었다가 쌀밥 또한 가족의 중요한 사람들에게 주고 어머니는 보리밥과 잡곡밥을 먹는다. 예전에는 밥을 보관하기가 지금처럼 냉장고나 전기밥솥에 두지 못했으므로 찬밥은 쉰내 나기가 일쑤였다. 잡곡밥, 콩밥, 보리밥은 쌀밥보다 더 빨리 쉰다. 밥이 조금 쉰내가 날 때는 쉰내가 새 밥 전체를 버릴까봐 밥 위에 얹지 않고 따로 놓았다가 어머니 혼자 그 밥을 먹는다. 우리들의 어머니는 그렇게 살아왔다. 우리들의 어머니들이 쉰밥을 먹고 배탈이 난 경험이 없는 사람은 거의 없을 것이다. 가끔 나의 어머님이 배가 아프다며 화장실을 자주 가실 때 쉰내가 나는 찬밥이 아까워서 가족들 몰래 혼자 잡수신 후였다는 것을 내가 세 아이의 엄마가 된 후에야 깨닫게 되었다.

아파트 앞에 있는 음식물 쓰레기통에서 멀쩡해 보이는 하얀 밥덩어리가 버려신 섯을 볼 때마다 지난날 우리들의 배고프던 시절이 떠올라 마음이 편치 않다.

예기치 않던 손님이 오거나 아이들 친구들이 들이닥칠 때도 있고 식욕이 왕성한 아이들은 때때로 상상 외로 많이 먹기 때문에 나는 밥을 할 때마다 언제나 넉넉하게 한다. 그러므로 매일 찬밥이 남게 마련이다.

예전 우리들의 어머니와 같이 찬밥에 대한 개념을 갖고 자라난 나도 밥을 풀 때마다 남편은 남편이기 때문에, 큰딸은 첫째이기 때문에, 둘째는 둘째이기 때문에, 막내는 막내이기 때문에 찬밥을 섞어서 밥을 풀 수가 없다.

쉰밥도 아니고 맛없는 밥도 아닌데 단지 새 밥이 아니라는 생각 때문에 식구들의 밥에 섞고 싶지가 않다. 그러다 보면 찬밥은 항상 내 차지가 된다.

오늘도 나는 찬밥을 한쪽에 밀어놓고 밥을 안친 후에 반찬을 준비하느라 매우 분주하게 움직였다. 내가 반찬을 만드느라고 분주할 때면 희라가 밥 푸는 일을 맡을 때가 더러 있다. 다 만든 반찬을 식탁 위에 차려 놓는 동안 희라가 식구들의 밥을 모두 퍼서 각자 앞에 놓았다. 내 앞에도 이미 밥이 놓여 있었다.

나는 내 자리에 앉으면서 찬밥을 찾았다.

내 앞에 놓인 밥을 만져 보았더니 새로 지은 따뜻한 밥이었다.

식구들 밥그릇을 만져 보아도 모두 따뜻하였다.

아무리 둘러보아도 찬밥이 온데간데없었다.

"아까 엄마가 밥통 옆에 놓아둔 찬밥이 어디로 갔니?"

아무도 대답이 없다.

"누가 버렸니?"

"………"

"엄마가 밥은 절대로 버리면 안 된다고 하셨잖아요."

희원이의 대답이다. 희라 얼굴을 쳐다보아도 모른다는 표정이다. 남편의 국그릇에도 밥이 국에 말려 있지 않았다.

　남편은 조금 늦게 식탁에 앉았으므로 찬밥을 본 적이 없다고 한다.

　큰딸 희라가 밥을 푸면서 자기의 밥그릇에 찬밥을 담고 그 위에 더운밥으로 살짝 덮어서 펐던 것이다.

　오늘 저녁 아무도 찾을 수 없었던 찬밥은 희라의 밥그릇 속에 묻혀 있었던 것이었다.

　거의 매일 저녁 우리 가족은 찬밥 때문에 조용할 날이 없었다.

　"우리 모두 찬밥 때문에 매일 밥상 앞에서 서로 다투지 말고 무조건 찬밥을 새 밥에 골고루 섞어서 온가족이 똑같이 나누어 먹는 것이 어떻겠느냐?" 하며 밥그릇을 들고 다투는 희라와 나를 바라보며 남편이 제안하였다.

　이렇게 해서 우리 가족은 더 이상 저녁마다 식탁에 앉아 찬밥의 행방을 찾아 헤매지 않아도 좋게 되었다.

가족 이발관

첫 아기를 낳은 후 솜털 같은 아기 머리가 점점 길어지자 나는 가위를 들고 나섰다. 한쪽을 자르면 한쪽이 길고 또 다시 한쪽을 더 자르면 좌우 길이가 맞지 않아 짝짝이가 된다. 유난히도 순한 첫 아기는 그래도 엄마를 보고 방긋방긋 웃기만 한다. 이렇게 서투른 엉터리 이발을 바느질하는 무딘 가위로 시작했다. 앞머리도 잘라보고 옆머리는 양쪽의 길이가 다르게도 잘라 본다. 뒷머리는 길고 양옆은 짧게도 해본다. 서툴긴 해도 나의 이발 솜씨 덕분에 낯을 몹시 가려서 낯선 사람만 보면 우는 아기를 데리고 미장원이나 이발관에 가지 않아도 되었다. 둘째, 셋째를 낳으면서 좀 더 잘 드는 가위가 필요했다. 봄볕이 잘 드는 봄날에 마당에서 세 아이들의 머리를 깎는 날은 피크닉을 나온 만큼이나 아이들이 즐거워한다.

두 딸들은 자라면서 머리를 길게 길러 양 옆으로 땋아주기도 했으므로 이발하는 일이 줄어들기는 했으나 막내는 사내아이이므로 자주 깎아주어야 했다.

한동안 바빠서 머리 깎는 시간을 놓쳐서 막내아들의 머리가 여자 아이로 착각될 만큼 길었는데도 아빠나 할머니나 누구도 아이를 이발관에 데려갈 생각을 하지 않고 나를 기다렸다. 가족 모두가 으레 아이들 머리는 집에서 깎는 것으로 되어 있었다.

미국 생활을 시작하면서 나의 생활은 더 바빠졌다. 우리가 살던 마을에서는 이발관이나 미장원에 가려면 전화를 걸어서 미리 시간 약속을 하고 차를 타고 가야하고, 부모가 데리고 가야 했으므로 셋을 다 데리고 나가면 하루 종일 걸리게 된다. 나는 한국에서 하던 가족 이발관을 다시 시작하기로 했다. 머리 깎는 기계는 동네 상점에서 쉽게 구할 수가 있었다. 몇 년 동안 익숙해진 솜씨와 좋은 이발 기구 덕분으로 나는 점점 전문가로 변해 갔다. 몇 달 동안 아이들 머리 깎는 것을 지켜보던 남편도 나의 주 고객이 되었다.

저녁식사 후에 아이들을 차례로 의자에 앉혀 놓고 머리를 깎아주면 이발관이나 미장원에 아이들을 데리고 가는 시간은 물론 이발요금도 절약되고 아이들과 함께 있는 시간도 더 많아지므로 일거삼득이 된다. 더구나 머리를 만지면서 서로 가까이에서 단둘이만 이야기를 나눌 수 있는 좋은 기회도 누릴 수 있다. 내가 머리를 깎으면서 아이들 귀에 대고 속삭이면 아이들도 조용조용 이야기를 한다.

아들의 어깨가 점점 넓어지면서 함부로 접근하기 힘든 건장한 체격의 청년으로 자랐으나 머리 깎을 때만은 의자에 앉아 머리를 숙이고 얌전히 앉아있는 모습을 보면 영락없는 어린 시절 아들의 모습이다. 평소에 말이 많지 않은 아들이 머리를 깎을 때만은 많은 이야기를 한다.

딸아이들은 파마를 해본다고 하여 몇 번 미장원에 간 일이 있으나 막내아들은 태어나면서 고등학교를 졸업하고 대학으로 떠날 때까지 이발관에 한 번도 가본 일이 없다.

집을 떠나 대학에 들어간 후에는 우리 아이가 머리를 깎으려고 이발관에 갔을 때 어떻게 해야 할지 몰라 당황할 것 같아 나는 마음속으로 은근히 걱정도 했었다.

　박사학위를 받은 후 어엿한 성인이 되어 직장에서 중요한 직책을 맡고 있는 지금도 집에 오면 으레 머리를 깎아 달라고 한다. 다 큰 청년의 머리를 실수해서 잘못 깎을까봐 전보다 더 긴장해서 열심히 깎다 보면 아들이 다 자라 멀리 떨어져 지내면서 생겼던 거리감이 다시 좁혀지는 걸 느끼게 된다.

　아들의 등과 어깨와 팔과 다리와 목에 붙은 머리카락을 정성껏 털어 주면서 머리 깎는 일로 해서 얻는 또 다른 행복도 맛본다.

아빠의 사회학 강의
(Social Studies Class)

- 머슴옷 -

"야... 오늘 저녁은 김치찌개다!"

이웃 친구들과 농구하며 땀에 흠뻑 젖어 현관문을 밀어붙이고 들어서는 막내 희민이의 환호성이다. 김치찌개는 김치와 돼지고기가 어우러져 유난히도 그 냄새가 요란하다. 더욱이 이 냄새에 익숙하지 않은 외국인들은 처음에는 거의 다 이 냄새를 싫어한다. 우리 아이들은 어려서부터 한국 음식을 먹고 자라서인지 엄마가 만들어 주는 한국 음식을 좋아하며, 특히 김치찌개는 좋아하는 우선순위에 속하고 불고기, 갈비, 우거지 국 등도 그 대열에 낀다.

나는 미국 생활을 하면서 가능하면 저녁식사는 가족에게 한국 음식을 먹도록 준비했다.

특별한 일이 아니고는 가족들의 저녁식사를 준비하기 위해 저녁 외출을 하지 않고 퇴근시간도 서둘렀다. 저녁식사를 한국 음식으로 해야 하는 가장 큰 이유는 남편이 햄버거, 샌드위치, 피자 같은 미국 음식을 싫어해서이다. 국물이 있는 국이나 찌개가 있는 한국 음식을 좋아하고, 아이들도 아침과 점심은 미국 음식을 먹으니 저녁식사로는 한국 음식을 선호한다.

준비된 저녁 식탁에 가족이 둘러앉으면 식사를 하는 시간은 자연스럽게 가족회의처럼 흘러가게 된다. 아이들이 학교에서 일어났던 일이나 풀기 어려운 숙제, 또한 친구들과의 문제, 선생님에 관한 이야기, 사회적인 문제 등 모든 것을 털어놓으며 이야기하게 된다. 우리 가족은 이 시간에 서로의 다른 생각을 발표해서 의견을 교환하고 상대방의 의견을 들으면서 토론하며, 서로의 합의점을 찾기도 하고 형제간에 서로 도와가는 방법을 연구하기도 한다.

이때에 아이들은 반대 의견에 대해서는 자기의 의견을 과감하게 주장하며 맞서는 용기와 대담성을 보이곤 한다. 그럴 때면 아빠는 아이들의 반대 의견을 찬성 의견보다 더 중요시하여 이를 경청한다. 경청한 후 아이들 주장이 좋으면 즉시 이를 인정하며 칭찬을 아끼지 않는다. 이때 아이들은 긍지와 인정감을 함께 느낀다. 아이들 주장이 잘못되었다고 판단되었을 때는 자기주장이 옳다는 것을 논리적으로 설명하여 아빠를 설득시켜 보라고 권유한다. 물론 중간 중간 아빠의 예리한 질문이 이어진다.

이렇게 훈련된 우리 아이들은 토론 문화가 잘 형성된 미국에서 생활하면서 자신감을 키워 갈 수 있었다. 희원이가 대학 2학년 때 한국에 다니러 와서 한 여자 대학을 방문했다가 쌍꺼풀 수술을 한 많은 여대생들을 만나게 되었다. 그당시 한국에서는 여자들의 쌍꺼풀 수술이 유행이었다. 임권택 감독이 '춘향전' 영화를 준비하면서 쌍꺼풀이 없는 한국의 전통적인 눈을 가진 주연배우를 찾는 데 크게 애를 먹었을 정도로 젊은 여자들이 쌍꺼풀 수술을 하는 것이 유행이었다. 이 현상을 이상하게 생각한 희원이는 쌍꺼풀을 시술하는 여러 명의 성형외과 의사들과 쌍꺼풀 수술을 한 여대생들을 직접 만나 대담하기를 원했다.

한국의 여자들이 왜 쌍꺼풀 수술을 많이 하는지 그 이유를 알고 싶은 희원이는 여대생들을 만나서 "왜, 쌍꺼풀 수술을 했어요?"라고 물었을 때 대부분의 여대생들이 "예뻐지면 시집을 잘 갈 수 있으니까요."라는 첫 질문에 대한 대답을 듣고 희원이는 더 이상 대담을 끌어가고 싶지가 않았다고 한다.

여성이 한 인격체로서 사회생활의 독립된 개체로서의 주체의식이 올바로 서 있지 않고, 부모로부터 물려받은 얼굴의 생김새를 뜯어고쳐서라도 외형적인 아름다움을 만들어 남성으로부터 선택을 받겠다는 피동적인 의식이 낳은 사회적 현상이라는 것을 알게 되었다.

희원이는 여성 스스로가 여성의 위상을 끌어내리고 있는 이 현상을 보고 한국의 여성 지위는 외모에 의해 남성으로부터 선택되는 것이 아니고 여성 스스로의 실력과 능력을 쌓아서 사회에 한 개체로 살아가야 한다는 주장을 피력하면서 이 조사 결과를 미국의 유명 여성 월간지 〈Mirabella〉에 기고하였다. 이 기사가 계기가 되어 희원이는 "여성 지위 향상에 끼치는 여자의 외모"라는 주제로 대담을 하는 TV 방송 프로그램에 출연하게 되었다. 이 대담 프로그램에 출연한 사람들은 미국 사회를 이끄는 의사, 변호사, 대학교수 등 전문분야에서 일하는 사람들이었다.

대학 2학년생인 앳된 희원이가 대담 자리를 같이한다는 프로그램을 보고 나는 속으로 많이 걱정하였다. 생방송으로 진행되는 그 자리에서 힘들어하거나 떨려서 대답을 잘 못하면 어쩌나 하고 은근히 걱정이 많이 되었다. 그러나 희원이는 진행자의 질문에 기다렸다는 듯이 자기의 주장을 논리적이고 당당하게 펴나갔다. 진행자는 스스럼없이 자연스럽게 어른들과 대담하는 어린 여대생의 모습에 감탄하면서 그렇게 논리 정연하게 말하는 능력과 용기가 어디서부터 나왔느냐는 질문을 던졌다. 희원이는 저녁식사 때마다 가족이 함께 토론하면서 의견을 나누는 생활을 해온 덕분이라고 말했다.

민주주의의 기초가 튼튼한 합리적인 사회에서 미국 문화와 친숙해져 가고 있는 아이들에게는 한국 부모들의 권위주의적 사고가 매우 잘못되었다고 불평하는 경우가 흔하다. 우리 부부는 저녁식사 시간을 이용해 아이들에게 동양의 가치관과 우리 조상들의 지혜, 미덕, 한국의 역사 등을 자연스럽게 가르치는 기회로 삼았다.

남편은 저녁 식탁에서 아이들에게 역사교육의 중요성을 깨닫게 하기 위해 들려 줄 이야기를 항상 생각하고 연구했다. 다음 이야기도 그 중의 하나이다.

시아버지가 어릴 때의 시골집은 농사를 많이 짓는 집이었는데 집에 머슴이 많이 있었다고 한다. 할아버지께서 가장 아끼던 머슴 하나가 어느 날 할아버지께 "저는 시골에서 이렇게 농사일만 하면서 일생을 마치고 싶지 않습니다. 큰 도시로 나가 넓은 세상에서 다른 일을 할 수 있게 해 주실 수 없겠습니까?" 하고 간청했다고 한다. 일을 잘 하고 책임감이 강한 머슴인지라 신통히 여기던 할아버지께서는 근처 도시의 큰 양조장에 부탁하여 일꾼으로 취직을 시켜 주셨다. 그 당시는 한국이 일본의 식민지 상태였고 양조장 사장은 일본 사람이었다.

양조장에 취직이 된 그 머슴은 어찌나 열심히 기술을 익히고 일을 잘 하던지 일본인 사장은 그를 신임하여 중요한 모든 일을 믿고 맡기게 되었다. 한국이 일본으로부터 해방되자 일본인 사장은 일본으로 돌아가면서 그 모든 시설과 재산을 그 머슴에게 넘기고 돌아가게 되었다고 한다.

하루아침에 큰 회사의 사장이 된 머슴은 더욱 더 열심히 일을 하여 우리나라에서 손꼽히는 큰 회사로 키웠다. 부자가 된 그에게 딸들이 많았는데 이들은 옛날에 아버지가 머슴살이하던 가난했던 시절을 까맣게 잊고 서울에 올라와 화려한 옷이며 신발이며, 사치품들을 사 나르기 시작했다. 어느 날 사장은 벽장 속에서 먼지가 잔뜩 쌓인 낡아빠진 커다란 뭉치 하나를 가족들 앞에 던지다시피 내놓으면서 말했다.

"이 옷은 내가 머슴살이할 때 입던 옷이다. 그때의 가난과 고통을 잊지 않기 위해서 나는 낡은 이 옷을 몇 십년간 간직하면서 마음이 약해질 때미다 꺼내 놓고 쳐다보았다. 아비가 옛날에 머슴을 살았다는 사실을 수치로 알고 잊어버리기를 원한다면 너희들은 지난날 겪었던 이 아버지의 삶을 되풀이할 것이다. 너희들의 아버지며 할아버지인 나는 옛날에 머슴을 산 사람이다."

그는 시골에서 머슴살이를 청산하고 도시로 떠나면서 자기가 입고 신었던 것들을 꽁꽁 묶어 겨드랑이에 끼고 다시는 이러한 삶을 되풀이하지 않으리라고 굳게 맹세하였고, 그 후 어디를 가나 이를 꼭 간직해 왔던 터였다.

이 일이 있은 후에 그 가족의 생활태도는 바뀌었다고 한다.

남편은 아이들에게 이 이야기를 해주면서 우리의 역사를 뒤돌아보도록 깅조했다. 지나간 자신의 아픔과 살붓을 부끄러워하거나 감추지 않고 계속해서 과거를 뒤돌아보면서 미래 우리 삶의 교훈에 주춧돌이 되어야 한다고 가르쳤다. 역사는 흘러간 날의 잘못을 수정하여 현재를 바로잡는 데 반드시 밑받침이 되어야 한다고 강조했다.

마빈 토케이어 교수는 이렇게 말했다.

"과거는 누구에게나 큰 자산이다. 아무도 미래에 대해서는 잘 모르기 때문에 자기의 과거에 자신감을 가질 것이 절대로 필요하다. 아무리 고독하다 하더라도 또 눈앞에 펼쳐진 상황이 아무리 어려워도 자기가 지금까지 걸어온 길에서 자신감과 자랑을 찾아내면 그것을 바탕으로 살아나갈 수 있기 때문이다."

세계 도처에 자사의 마크를 조개껍데기로 내건 쉘(Shell) 석유회사의 창시자 매커스 사무엘은 그가 18세 때 가난한 아버지로부터 배의 3등 선실 표 한 장을 받아들고 영국에서 일본으로 건너가 바닷가에서 조개를 줍던 일을 하며 살던 고통스러웠던 과거를 잊지 않기 위해 세계적인 대재벌 석유회사로 성공하면서 자기 회사의 마크를 조개껍질로 정했다고 한다. 매커스 사무엘은 회사를 팔 때 쉘(Shell)이라는 회사 이름과 마크를 계속 쓰겠다는 계약조건을 받아들인 사람에게 넘겼다고 한다. 지나간 역사는 오늘을 사는 우리들에게 스승의 역할을 한다.

이렇게 저녁식사 시간은 새로운 주제에 대하여 토론하며 대화하고 또 아빠의 강의 등으로 매일 밤 길어졌다. 아이들이 숙제가 많아서 아빠의 강의시간을 짧게 해달라는 부탁을 하며 식탁에 앉은 날에도 이야기에 빠져들어 저녁식사 시간이 2~3시간씩 길어져서 숙제하느라고 새벽까지 잠을 못 자는 일도 허다했다.

우리 아이들은 어릴 때부터 대화를 통해서 서로의 입장과 생각을 이해하며 상대방의 의견을 존중하는 훈련을 받았다. 저녁식사 시간이 우리 가족에게는 토론문화의 토대가 된 셈이다. 미국에 오래 살면서도 세 아이들이 한국말을 잘할 수 있는 것도 저녁식탁에서 아빠 엄마와 한국말로 매일같이 대화했던 결과인 것 같다.

희라와 희원이가 하버드대학에 들어간 후 방학이 되어 집에 돌아올 때쯤 되면 남편은 벽난로에 땔감을 충분히 마련해 놓고 이번에는 아이들의 귀향 보고를 들을 준비를 하느라고 분주하다.

항상 저녁이면 가족이 모여 대화하고 토론하던 습관대로 아이들이 대학에 간 후에도 집에 오면 대학에서 일어났던 일들을 빠짐없이 이야기한다. 그래서 우리 부부는 만나보지 않은 아이들의 친구들의 이름, 취미, 성격까지도 자세히 알고 있다. 이때를 아이들은 귀향 보고시간이라고 불렀다. 귀향 보고시간도 결국은 아빠의 사회학 강의(Social Studies Class)가 낳은 소산물이다.

이 시간에 아이들은 논리정연하게 자기주장을 펴고 상대를 설득시키는 능력도 키워나갔다.

현대사회와 같이 불확실성의 시대에 살고 있는 우리가 우리의 과거와 현재 사이에서 자신감을 잃게 되면 우리의 아이들은 뿌리내릴 곳을 찾아 또 다시 방황의 시대를 살게 될 것이다. 아빠의 사회학 강의는 우리 가족에게 많은 추억을 남겼고, 특히 아이들에게는 자신감을 심어주는 초석이 되었다.

우리나라에서는 어른들에게 아이들이 자신들의 의견을 말하면 어린 것이 버릇없이 어른에게 말대꾸한다며 핀잔을 주는 경우가 많다. 자신의 의견을 확실하게 주장할 수 있고, 남의 의견이 자기의 것보다 옳다고 생각하면 분명하게 인정하고 받아들이는 것을 가정에서부터 부모들이 교육해야 한다. 미국의 교육은 어릴 때부터 토론에서 시작해서 토론으로 끝난다고 해도 과언이 아니다.

아빠는 우리의 응원단장

아이들이 어릴 때에는 발이 금방 클 것을 예상해서 신발을 항상 큰 사이즈로 사주게 된다. 발보다 사이즈가 큰 신발은 왼쪽과 오른쪽을 바꿔 신으면 똑바로 신었을 때보다 조금 끼게 되므로 아기들이 말은 못해도 의도적으로 왼쪽과 오른쪽의 신발을 바꾸어 신는 것 같다.

아이들이 아장아장 걸음마를 시작하면 남편은 아기를 앞에 앉혀 놓고 신발의 왼쪽과 오른쪽을 구별해서 신는 방법을 가르친다.

오른쪽 신발은 오른쪽에, 왼쪽 신발은 왼쪽에 신기면 아기는 자신이 편할 대로 다시 왼쪽 신발을 오른쪽에, 오른쪽 신발을 왼쪽에 신는다.

아빠는 고개를 가로저으며 다시 오른쪽 신발은 오른쪽에, 왼쪽 신발은 왼쪽에 바로 고쳐 신겨 놓고 아주 잘했다고 손뼉을 치며 칭찬한다. 이렇게 몇 번을 되풀이하면 아기는 아빠의 얼굴을 빤히 바라보면서 오른쪽 신발은 오른쪽에, 왼쪽 신발은 왼쪽에 신고 마당으로 나선다. 한참 후에 오른쪽 신발을 일부러 바꿔 신겨 놓으면 아기가 고개를 가로저으면서 다시 바르게 바꿔 신는다. 남편은 아기들에게 이런 훈련을 시키는 것은 아기들의 지능 훈련 목적이 컸지만 남편 스스로도 이런 일을 매우 재미있어 했다. 이렇게 해서 우리 세 아이들은 아주 어릴 적부터 말보다도 신발의 오른쪽과 왼쪽을 먼저 구별해 신을 줄 알았다.

정치활동을 하면서 귀가시간이 대체로 늦었지만 거의 매일 밤 아기들이 좋아하는 과자 봉지가 그의 손에 들려 있었다.

아기들에게 밥을 먹일 때도 '콩나물을 먹으면 머리가 길어진다, 시금치를 먹으면 힘이 세진다, 미역국을 먹으면 눈이 반짝반짝 빛나서 별처럼 된다, 국수를 먹으면 키가 커진다, 생선을 먹으면 피부가 고와진다…' 등으로 엄마가 식탁에 올려놓은 음식은 기지를 발휘해서 아이들이 골고루 잘 먹도록 연출을 재미있게 잘 한다. 밥을 잘 먹지 않고 몸이 약한 희원이에게는 입이 작아서 큰 수저로 잘 못 먹으니까 작은 수저를 갖고 오라면서 음식을 감추는 시늉을 한다. 그러면 자기도 큰 수저로 밥을 먹을 수 있다며 식탁으로 바싹 다가앉는다.

남편은 아이들이 밥을 잘 안 먹거나 편식을 할 때면 연출을 더 열심히, 실감나게 한다. 아이들이 성인이 된 지금도 음식이 먹고 싶지 않을 때는 아빠가 이 음식을 보면 무엇이라고 하실까 생각하면서 열심히 먹으려고 노력한다고 한다.

아이들은 어릴 때 아빠의 이론을 정말로 믿고 먹기 싫던 시금치, 미역국, 콩나물, 국수, 생선 등을 억지로라도 잘 먹으려고 했다고 한다. 지금도 가족이 모두 모였을 때 미역국을 끓이면 미역국을 보면서 서로 쳐다보며 깔깔대고 웃는다.

남편은 가족들이 잘 하는 것만 골라서 칭찬을 아끼시 않는다. 아이들이 학교에서 좋은 성적을 받으면 아빠에게 칭찬을 받으려고 한달음에 달려온다. 아이들이 칭찬을 받으면 다음에 더 잘해서 칭찬을 또 받으려고 노력하는 모습이 얼굴에 역력하다.

어느 날 내가 TV 요리강습을 보고 있는데 막내아들이 들어오더니 "엄마가 아직도 배워야 할 요리가 있어요?" 한다. 아이들은 엄마의 요리솜씨가 제일이며 못하는 음식이 없는 줄로 믿고 있다. 온 가족이 저녁 식탁에 앉으면 남편은 엄마가 만든 음식이 세상에서 제일 맛있다고 하면서 참으로 맛있게 먹는다. 나도 아이들처럼 남편의 칭찬을 받기 위해 맛있는 저녁식사를 할 수 있도록 연구하게 된다.

남편은 집안에서 큰소리를 내지 않는다. 잘못한 것은 슬그머니 고개를 돌리고 못 본 척 한다. 남편은 독창적인 판단이 뛰어나고 매우 다감한 사람이다. 세 아이들이 아주 어릴 때 남편이 외국 출장을 다녀오면서 내게 가볍고 편리한 운동화 한 켤레를 사다 주었다. 그때만 해도 한국은 신발산업이 별로 좋지 않은 상태라 젊은 주부가 신을 수 있는 패션 운동화를 구하기가 어려운 때였다. 타인에게 가장 선물하기 힘든 것 중의 하나가 신발이다. 신어서 불편하거나 잘 맞지 않은 경우가 대부분이며 또 불편하거나 잘 맞지 않으면 아무 쓸모가 없기 때문이다. 남편이 사온 연두색 운동화는 신기하게도 내게 꼭 맞았다. 주위 사람들이 어떻게 아내의 운동화 사이즈를 꼭 맞췄느냐고 물으니까 남편은 눈을 감고 운동화를 만져 보면서 매일 밤 만져 보던 아내의 발을 생각하니까 틀림없는 사이즈의 운동화를 고를 수 있었다고 했다.

아이들이 초등학교에 다닐 때 학교 앞이나 지하도를 지나다 보면 길에 놓고 파는 병아리를 볼 수 있다. 남편은 퇴근길에 병아리 몇 마리를 사서 박카스 상자에 담아 가지고 왔다. 봄볕이 따스한 마당에 어린 세 아이들을 데리고 앉아 병아리 발톱에 빨간 매니큐어를 바르고 머리 쪽의 털에는 분홍색과 알록달록한 색깔을 칠하기도 하고 아이들에게 머리털을 잡게 한 후 양쪽을 리본으로 묶어 보기도 하며 재미있는 모습으로 병아리를 꾸며 놓는다. 그 모습을 바라보며 내 마음은 천국의 이야기가 그 곳에 머물러 있는 것 같다는 생각을 하기도 했다.

미국에서 우리 가족이 처음 정착한 아나폴리스를 떠나 뉴욕의 스카스데일로 이사 온 몇 달 후 세 아이들은 미국에 처음 정착해서 3년 반 동안 정들었던 학교 친구들을 몹시 그리워했다. 다섯 시간을 운전해야 갈 수 있는 거리인데 남편은 연휴를 택해서 아이들을 태우고 그곳을 방문하기 위해 나섰다. 세 아이들이 각각 친하던 친구 집에서 밤새워 놀도록 한 후 남편은 근처의 친구 집에서 하룻밤 묵은 후 돌아왔다.

아이들은 모두 그토록 조용한 미국 시골에서 자기들을 지금까지 살도록 놔두었다면 지금과 같이 명문대학에 들어갈 수 없었을 것이라고 말했다. 대학에 들어간 후에도 엄마 아빠가 그 시골에서 공립학교를 보냈으면 하버드와 MIT에 들어갈 수 없었을 것이라면서 자주 고마움을 표시했다.

남편은 시간이 있을 때면 철물점(Hardware Store) 가기를 즐겨한다. 미국의 철물점은 작은 못과 연장으로부터 철물, 페인트, 건축용 자재, 전기 자재, 각종 연장 등 집을 지을 수 있는 모든 자재들을 파는 엄청나게 큰 백화점이다. 자동차가 고장이 나거나 집에 문제가 생기거나, 또는 부엌살림이 부서지거나 아이들 장난감이 망가져도 우리 가족은 아빠만 부르면 만사가 해결된다. 웬만한 부서진 물건들은 아빠의 손만 가면 새것으로 탈바꿈한다. 그래서 차고 안에는 아빠의 연장들이 보통 상점의 수리점보다 더 많다. 아빠가 가정에서 집안의 문제점을 해결하고 고장난 것을 고칠 때면 아이들은 아빠의 뒤를 졸졸 쫓아다닌다.

모든 문제가 해결된 후에는 상쾌해진 표정으로 아이들이 도와주어서 더 빨리 잘 고치게 되었다고 큰소리로 칭찬을 하곤 한다.

희원이와 막내아들 희민이는 어릴 때 잘 싸웠다. 희원이는 남자 동생에게 지지 않으려고 하고, 남자 동생은 작은 누나에게 안 지려 했다.

남편은 싸우는 아이들을 앉혀 놓고 이야기를 시작한다.

"약 한 시간쯤 운전해서 깊은 산골로 가면 그곳에는 호랑이, 여우, 사자 등 무서운 짐승들이 사는 집이 있고 바로 옆에 부모 말씀 잘 안 듣고 형제간에 싸우는 아이들이 사는 집이 있다. 그곳에 가면 무서운 짐승들 옆에서 일주일간 살아야 하는데 그곳에 가고 싶으냐?"고 묻는다. 아이들은 그 이야기를 사실로 알아듣고 울음과 싸움을 뚝 그친다. 그래도 싸움을 그치지 않고 계속 할 때는 아이들을 차에 태우고 떠나는 시늉을 한다. 아이들이 싸울 때조차도 남편은 야단치지 않는다. 어떤 경우에든지 칭찬할 것을 먼저 찾으려고 애쓴다. 칭찬은 사람에게 크나큰 용기와 힘을 준다. 성 어거스틴은 "칭찬하는 사람이 사랑을 가지고 극구 칭찬할 때 진정으로 사랑을 받고 있다고 느끼게 된다."고 말했다. 우리는 모두 아빠의 칭찬을 받으려고 매사에 맡은 일을 열심히 했다. 그래서 아이들은 아빠를 우리 가족의 응원단장이라고 부른다.

아빠의 비빔밥

내가 집을 비우는 날, 저녁식사 때가 되면 세 아이들이 엄마가 없는 쓸쓸함을 달래기 위해 집안을 서성거리며 온기가 없는 부엌을 들여다보고는 다시 각자 방으로 가서 자기 할 일들을 한다고 한다. 이때 남편은 부엌에 들어가 일부러 물 트는 소리, 그릇 부딪히는 소리를 내고 음식 냄새를 풍기면서 아이들의 쓸쓸함을 달래 주려고 노력한다. 이런 비상사태를 대비해서 남편은 스스로 비빔밥을 맛있게 만드는 비결을 개발했다.

냉장고 한쪽에 잘 보관해 두었던 장조림 간장, 마늘장아찌에서 우러난 간장, 잘게 썬 김치, 버터, 계란 노른자위, 구운 김, 깨소금 등을 잘 된 밥에 넣고 비빈다. 이때 남편은 밥을 조금 된듯하게 짓는다고 한다. 아무렇게나 하는 것 같은데 그것에는 남편의 독특한 창의력과 최선을 다하는 정성이 들어 있다. 이러한 노력과 정성이 아이들에게 아빠가 하는 일은 빈틈이 없고 틀림없다는 믿음을 심어주게 되었다.

사람들은 누구나 가장 가까이 있는 사람들로부터 인정받을 때 성취감이 더 크다. 남편은 세상 밖을 헤매기보다 내 가정에 보물이 있다고 생각한다. 자식 또한 부부가 서로 귀히 여기는 것보다 더 큰 보물이 세상 어디에도 없다고 생각한다.

남편은 작은 일에서부터 아름다움을 찾는 데 노력한다. 아름다운 것은 창조적이고 창조적인 것은 역사를 이끈다. 가정에서 가족이 각자 맡은 바 일을 열심히 하면서 서로 필요할 때 도와주고, 문제에 봉착했을 때 대처해 나갈 수 있는 지혜와 노력이 있을 때 가족의 역사가 창조된다.

엄마가 집을 비우는 날은 아빠의 특별한 비빔밥 솜씨가 발휘되는 날이다. 또한 아이들과 아빠가 특별히 가까워질 수 있는 좋은 기회이기도 하다. 이제 아빠의 비빔밥은 우리 가족의 특별 메뉴로 터를 잡았다. 내가 집에 있는 날에도 장조림 간장이 있으면 남편은 비빔밥을 만든다. 저녁식사가 아빠의 비빔밥일 때에는 아이들과 나는 최고 비싼 레스토랑에서의 외식보다도 더 만족스런 포만감을 느낀다.

쇼펜하우어는 "모성애는 본능적인 것이며 부성애는 형이상학적"이라고 하였다. 그러나 남편은 아이들에게 엄마의 빈자리를 메워 주면서 본능적인 사랑을 실천하는 아빠로 믿음을 주면서 항상 우리들 곁에 있다.

우리 집의 알람시계

(Alarm Clock)

세 아이들을 키우면서 나는 나 자신을 위한 시간과 경제적인 배려를 할 수가 없었다. 잠자는 시간까지도 아껴 가면서 살림하고 아이들 교육 때문에 이리 뛰고 저리 뛰는 나를 보며 온 가족이 항상 나의 건강을 염려했다.

미국에 살면서 너나 할 것 없이 쉽게 골프를 치는데 나에게는 골프장에 갈 시간이 없었다. 남편과 아이들이 시간이 없는 나를 위해 뒤뜰에 간이 골프연습장을 만들어 주었다. 남편은 이웃집으로 공이 넘어가지 않게 망을 쳐 놓고는 나 모르게 나가서 여자용 골프채 한 세트를 사들고 들어왔다. 그리고는 남편은 골프 치다가 숲속에서 주운 공들을 모아서 뒤뜰 바구니에 담아 놓았다.

우리집 거실에는 새벽 5시가 되면 클래식 음악이 울려 퍼지게 오디오를 맞춰 놓았다. 음악 소리에 눈을 뜨면 나는 아침기도를 끝낸 후에 운동복을 갈아입고 뒤뜰로 나가 골프채를 잡고 스윙연습을 한다. 남편이 쓰다가 못 쓰는 낡은 남자용 드라이버를 잡고 150번에서 200번의 스윙 연습을 한다. 무겁고 긴 남자용 드라이버로 연습하다가 여자용 드라이버를 들면 날아갈 듯이 가볍고 움직임이 자유로워 거리를 많이 낼 수 있다. 그래서 한 번은 체격이 큰 미국 여자들과 섞인 시합에서 체격이 작은 내가 장타상을 탄 적도 있다.

스윙 연습이 끝나면 연습 공으로 300개의 어프로치(Approach) 연습을 한다. 평소에 싱글 핸디캡인 몇 분들과 골프장에 나갔다가 18홀을 끝낸 후에 보니 내가 제일 좋은 스코어를 낸 적도 있었다. 남편이 숲속에서 주워 오는 공이 바구니에 쌓여 가는 속도만큼 나의 골프 실력도 발전해 갔다.

골프를 잘 치는 비결 중의 하나가 공을 끝까지 보는 훈련이다. 그래서 나는 아이들이 학교에 갈 때 선생님의 눈을 똑바로 보라는 말을 아침마다 빼놓지 않고 했다. 골프공을 끝까지 보고 치는 엄마가 골프를 잘 치듯이 공부를 잘 하려면 공부시간에 선생님의 눈을 끝까지 보아야 한다고 말했다.

어느 날 우리 동네에 있는 골프장에서 베시 킹(Betsy King)이 참석하는 엘피지에이 메이저(LPGA Major) 대회가 열린다는 소식을 들은 희민이는 골프장 입장권을 구해 왔다. 희민이는 내가 베시 킹의 스윙을 좋아한다는 것을 알고 있었다.

베시 킹의 18홀 경기를 쫓아다니며 대선수의 모든 면을 가까이에서 세심하게 지켜볼 수 있었다. 동시에 많은 관중들의 질서 있는 모습과 진지함, 그리고 우승자에 대한 진실된 존경심의 표현을 보며 나는 다시 한 번 마음을 다져먹고 돌아왔다.

골프는 남을 의식하지 않고 스스로 노력하는 자기와의 싸움이다. 눈이 오는 날엔 설 자리의 눈을 쓸고 연습을 하고, 비가 오는 날엔 모자를 쓰고 연습을 한다.

아이들은 "탁탁" 하는 엄마의 스윙연습 소리를 들으면 정신이 번쩍 든다고 했다. 이른 새벽에 엄마의 골프 연습소리를 들으면 게으름을 피울 수가 없고 늦잠을 잘 수도 없었다고 한다.

　나의 알람시계는 오디오에서 흐르는 클래식 음악 소리였고 아이
들의 아침잠을 깨우는 알람시계은 엄마의 "탁탁" 하는 골프 스윙 연
습 소리였다.

된장 담그기

나는 미국에서 살면서 줄곧 된장과 고추장을 직접 담가 먹었다. 된장과 고추장을 담가 해가 잘 드는 뒤뜰 베란다에 내놓던 날 옆집 로라 할머니에게서 전화가 왔다. 너의 집 베란다에 있는 색깔이 다른 두 개의 병이 무엇이냐고 물었다. 나는 코리안 잼(Korean Jam)이라고 대답했다. 미국에서 한국 고유의 항아리를 구할 수 없었으므로 미국인들이 과일주를 담그는 큰 유리병에 된장 고추장을 담았기 때문에 누런 된장과 빨간 고추장의 색깔이 이웃집 담 너머에서도 보였다.

미국 생활을 시작하면서 가장 아쉬웠던 점 중의 하나는 시어머님께서 전수해 주신 된장을 먹을 수 없는 일이었다. 장독대의 항아리들을 키대로 햇볕을 향해 나란히 세워 놓고 된장, 고추장, 간장을 골고루 담그는 일이 한국 식생활의 중요한 한 부분이라는 점, 우리 조상들로부터 뿌리가 이어져 내린 장 담그는 비법을 시어머님께서는 내게 전수해 주셨다.

봄철이 되면 시골에서 잘 띄운 메주와 고춧가루, 엿기름 등을 갖고 오셔서 손수 된장과 간장, 고추장을 담가 주셨다. 장은 우리 식생활에 있어서 반양식이라 하시며 손 없는 날까지 선택하셔서 정성을 다하셨다.

집안의 맏아들인 남편이 유난히 된장국을 즐겨 하는 것은 시어머님의 뛰어난 된장 맛에서 유래된 듯하다. 저녁 식사 때마다 아무리 좋은 반찬이 많아도 된장국이 없으면 식탁에 앉으면서 남편의 얼굴 표정이 일그러지곤 한다. 내가 시집오던 해부터 시어머님은 당신의 된장 담그는 법을 가르쳐 주셨다.

간장을 빼지 않은 메주를 가루로 만들고 메주콩을 푹 삶아서 절구에 찧고, 굵은 막고춧가루와 보리밥을 적당히 섞어 간을 맞춰 햇볕에 익히면 그 맛은 일품이다. 서울이 친정인 나는 된장을 잘 먹지 않는 환경에서 성장하였다. 남편과 결혼하고 난 후 시어머님으로부터 전수받은 된장을 남편보다도 더 즐겨 먹게 되었다.

미국에 도착하면서 아쉬운 대로 동양식품점에서 상품화된 된장을 처음으로 사보았다. 아무리 여러 가지 방법으로 끓여 보아도 쾌쾌한 냄새가 나는 한국 된장의 고유한 맛이 살아나지 않았다.

나는 꽤 멀리 한 시간 정도 운전해야 갈 수 있는 동양식품점에 가서 메주가루와 메주콩, 보리쌀, 고춧가루 등을 사들고 왔다. 서울에서 담그던 방법대로 된장과 고추장을 정성들여 만들어서 유리병에 담아 햇볕이 잘 드는 뒤뜰 베란다에 내놓았다.

햇볕을 더 잘 받게 하기 위해 아침에 병뚜껑을 열어 놓고 출근한 후에 낮에 비가 오는 날에는 된장, 고추장 뚜껑을 닫느라고 세 아이가 이리 뛰고 저리 뛴다. 물론 남편도 뛰는 데 합세한다.

어느 날인가 희민이가 사색이 되어 현관문 앞에서 엄마가 퇴근하기를 기다리고 있었다.

사연을 들어 보니 엄마가 그토록 정성껏 아끼는 고추장병 하나를 뒤뜰에서 공놀이 하다가 깨뜨렸다며 눈물을 흘리며 사과해 왔다. 며칠 동안 막내는 심각한 표정으로 뒤뜰에서 공놀이하는 것을 중단하는 것으로 엄마에 대한 미안한 마음을 표현했다.

된장과 고추장이 엄마에게 무엇을 의미하고 있는지 어린 아들도 알고 있었던 것 같다.

햇볕에서 잘 익은 된장으로 찌개를 끓이면 비록 뚝배기가 아닌 냄비에 끓였어도 서울에서 먹던 옛맛이 되살아난다. 된장찌개 맛을 본 남편은 서울에서 먹던 우거지 국을 끓여 달라고 청해 왔다. 된장은 준비되었으나 이제 우거지를 구하는 일이 문제였다. 물론 동양 식품점에 가면 한국 야채를 구할 수 있는데 1시간 이상 운전해야 하므로 자주 갈 수가 없다. 나는 집에서 가까운 미국식품점의 야채부로 가서 이름도 낯선 푸른 야채들을 하나하나 잎을 떼어서 씹어 보았다. 그 많은 녹색 야채 가운데서 "치커리"라는 것이 한국의 열무 잎과 비슷하게 맛이 씁쓸하였다.

1980년대에는 한국에서 "치커리"라는 야채를 몰랐기 때문에 미국에서는 처음 보는 야채였다. 미국에서 치커리는 꽤 싼 야채이다.

사태고기를 푹 삶은 물에 내가 담근 된장으로 간을 맞춰 풀고 치커리, 양파, 풋고추, 파, 마늘 등을 넣어 된장국을 끓이면 한국의 무청 시래기 된장국 맛과 흡사하게 씁쓸한 맛이 일품이다. 주말이면 골프를 마친 남편을 따라 남편의 친구 분들이 치커리 국을 먹기 위해 우리 집으로 몰려오곤 했다. 올 때마다 향수에 젖은 된장국 맛에 포식을 한 남편의 친구 분들은 집에 돌아갈 생각도 않고 모두들 거실에 누워버리곤 했다.

된장 맛에 길들여진 우리 가족은 딸들이 하버드대학에 간 후에 집의 된장 맛을 못 잊어 자주 양념한 된장을 병에 담아 보내 주어야만 했다. 미국 아이들인 룸메이트들도 처음에는 냄새가 조금 이상하다고 하더니 한참 후에는 생야채를 찍어서 잘도 먹게 되었다.

일하랴, 아이들 돌보랴, 살림하랴, 잠자는 시간조차 아껴야 했던 나의 미국 생활에서 된장 담그기를 고집했던 것은 우리 가족에게 잊혀진 조국의 고유한 맛을 지켜 가고 싶었기 때문이었다. 우리 가족에게 내려오는 전통의 맛을 이어가지 못하고 상업화된 음식의 맛으로 아이들이 길들여지는 것을 나는 원치 않았다. 내 아이들이 우리 조상들로부터 사랑받아오던 가족의 전통의식의 중요성을 잃어버리고 상업화에 밀려 스스로 형성해 놓은 정신적인 공허에 빠지게 하고 싶지 않았다.

나의 시어머님이 전수해 주신 고유한 된장 맛으로 내 가족의 맛의 전통을 이국땅에서도 지켜 가려고 노력했다. 된장국 끓이는 냄새에 얼굴을 찌푸리는 미국인들을 볼 때도 나는 개의치 않았다. 그들의 치즈냄새는 얼마나 지독하게 코를 찌르는데…….

이중문화 속에서 내 가족의 고유한 맛을 지켜 가는 것에 대한 나의 고집은 남의 눈치를 보게 하지 않았다. 전통적인 맛의 기억으로 유대가 깊은 가족의 역사는 그 가족의 프라이드와 통한다. 가족의 역사를 심어주지 않고 아이들에게 긍지와 자부심을 지켜 줄 수는 없다.

가족에 대한 뿌리 감각이 아이들을 더 자신감 있게 만든다. 전통의식의 중요성과 가족의 프라이드를 나는 된장 담그기를 고집하면서 아이들에게 가르쳤다.

지금 다민족 문화가 잘 형성되어 가는 뉴욕의 월가(Wall Street)에 있는 골드먼 삭스(Goldman, Sachs & Co.)에서 일했던 큰아이는 자기 민족의 뿌리가 튼튼한 사람일수록 더 단단한 성공의 길을 걷고 있다고 말한다.

이중문화 속에서 엄마가 왜 그토록 전통을 지키려고 고집했는지 사회생활을 시작하면서 이해가 더 간다고 했다. 특히 유태인들은 자기 인생에 자신감을 갖고 산다. 마빈 토케이어 교수는 이렇게 말했다.

"자기 민족의 전통을 잘 배우고 거기서 민족의 자랑을 찾아내어 자기가 자랑할 만한 인간이라는 자신을 확립해야 한다. 실업가의 재능도 거기에서 비로소 꽃을 피우게 되는 것이다."

우리 세대의 불확실성의 원천은 전통의식에서의 이탈이라고 칼 오토 아펠도 말하고 있다.

재봉틀

- 해나 해나 패션(Hannah Hannah Fashion) -

6.25 전쟁 때 피난길에서 어느 농가에 들어가 한동안 살 때의 일이다. 내가 8살 때의 일인 듯하다.

이웃에서 노인이 닭 두 마리를 키우면서 사셨다. 닭이 밤에는 횃대에 올라가서 자는데 알을 낳을 때는 짚으로 만든 둥지에 한동안 들어가 앉는다. 이웃 노인이 키우는 닭을 위해시 볏짚으로 닭 둥지 2개를 만들어 매달아 놓는 것을 옆에서 가만히 지켜보고 있던 나는 집에 돌아와 볏짚을 얻어다 놓고 이웃 노인이 만든 것과 똑같이 둥지를 만들어 닭도 안 키우는 우리 집에 매달아 놓았다. 나의 어머님은 우리 집에 오시는 분마다 그 둥지를 구경시키면서 나의 손재주를 자랑하셨다.

내가 중학교에 다닐 때 어머님은 고운 옷감을 내놓으시고는 내게 한복 저고리 만드는 법을 가르치셨다. 얇은 습자지로 버선본을 떠서 그 본을 하얀 옥양목 위에 놓고 연필에 침을 발라 그리고는 가위로 2cm 정도 여유를 두고 잘라서 재봉틀로 박은 후 솜을 얇게 펴서 버선을 만드는 법두 배웠다. 동양지수를 놓으면 언세나 칭잔을 하셨다. 나는 중학생 때 내가 만든 빨간 끝동을 달은 노랑 저고리와 빨간 치마를 입고 명절을 지낸 기억이 있다. 내가 결혼할 때 어머님은 바느질 잘하는 여자의 팔자는 곱지 못하다며 재봉틀을 사주지 않으셨다. 그래서 세 아이들을 낳을 때 입혔던 배냇저고리들은 모두 내가 손으로 만들었다.

세 아이들을 키우면서 살림을 하노라면 재봉틀이 필요할 때가 많다. 아이들이 성장하면서 바짓단을 줄이기도 하고 늘리기도 해야 하고, 또 고운 옷감을 보면 아기들 옷을 만들고 싶은 충동에 나는 재봉틀을 샀다. 아이들 옷을 만들 때 그 옷이 완성될 때까지 아이들이 재봉일하는 엄마 곁을 뻥뻥 돌며 새 옷 입을 부푼 가슴을 안고 즐거워하는 모습을 보는 것은 아이들 옷을 만들 때 느낄 수 있는 또 하나의 행복이다.

바느질하다가 크기와 모양을 보기 위해 놀던 아이들을 불러서 연필로 표시하고 바늘 침으로 꼽기도 하면서 아이들에게 입혀 볼 때는 아이들이 엄마의 말을 아주 잘 듣는다. 새 옷감에 혹시 손에 묻은 흙이 묻을까 조심하고, 팔을 들어라, 똑바로 서라, 고개를 돌려보아라, 뒤로 돌아서라, 움직여 보아라, 앉아 보아라 하면 시키는 대로 잘 하여서 엄마의 비위를 맞추려고 노력하는 모습이 한없이 귀엽다. 새 옷이 좋아서 입가로 비죽비죽 새어나오는 아이들의 웃음은 나만이 느낄 수 있는 최고의 환희이기도 하다.

세 아이들은 대학에 입학한 후에 하버드와 MIT에서 새학기마다 수없이 많은 과목 중에서 어떤 과목을 택할 것인가를 고민할 때마다 엄마의 의견을 물어온다. 엄마의 바느질 솜씨를 믿는 것만큼이나 아이들이 나의 의견을 존중하는 것 같다.

아이들 옷뿐만 아니라 때로는 옷 만들고 남은 색이 고운 작은 옷감들로 딸들에게 인형 옷을 만들어 주기도 했다. 철따라 커튼과 방석 커버도 색깔을 맞춰 만들면서 나는 재봉일을 매우 즐겨했다.

미국으로 떠날 때 살림정리를 하면서 재봉틀을 가져갈 사람을 찾았으나 내 주위에 있는 사람은 아무도 원하지 않았다. 미국으로 갖고 갈까도 생각했으나 크고 무겁기도 하거니와 미국에는 더 편리한 것이 있을 것 같아 재봉틀 상회에 연락을 하였더니 쓰던 것이라면서 귀찮아하던 기억이 있다. 미국에서 바쁜 생활에 쫓기면서도 나는 백화점에 갈 때마다 재봉틀 파는 쪽으로 가서 만져 보곤 했다.

보다 못한 남편은 어느 날 재봉틀을 사들고 왔다. 미국에서는 바느질 재료들을 구하기가 더 쉬웠다. 아무리 바쁜 중에도 바느질 재료 상회에 가는 일은 내가 피곤함을 회복하는 방법 중의 하나였다.

아이들이 커가면서 재봉일 하는 것을 가르치지도 않았는데 세 아이들 모두가 재봉틀을 잘 다룬다. 막내아들조차도 바짓단을 스스로 고쳐 입는다. 미국 백화점에서 세일할 때는 아주 좋은 옷이 터무니없이 쌀 때가 있다. 그러나 치수가 맞지 않아 포기해야 할 때가 있다. 우리 아이들은 치수가 맞지 않아도 좋은 옷이 쌀 때는 서슴없이 사다가 고쳐서 입는다.

미국 학교에서는 중학교 때부터 파티가 자주 있는데 그때마다 두 딸에게 좋은 파티 드레스를 사줄 수가 없었다. 그것은 우리 경제적 사정에 비춰볼 때 지나친 낭비이기도 했다. 딸들은 자주 몸에 잘 맞지 않는 파티드레스를 좋은 값에 사갖고 와서는 몸에 맞게 고쳐 달라고 요청한다. 한 번 입은 드레스를 다른 파티에 또 입고 갈 수 없으므로 그럴 때는 같은 드레스의 팔을 떼어내고 밑단에 레이스를 달아주면 전혀 다른 드레스로 탄생하게 되는 것이다.

패션 감각에 기발한 아이디어를 잘 내는 희원이는 장래 희망이 패션 디자이너라고 했다. 8학년(한국의 중학 2년) 여름방학 때 드레스를 만들어서 친구들에게 판다며 재봉틀 앞에 앉았다. 우선 자기가 한 벌 만들어 입고 학교에 가서는 친구들의 주문을 받아왔다. 희원이의 패션라인의 이름은 "해나 해나 패션(Hannah Hannah Fashion)"이 었다. 자신의 미국 이름인 해나(Hannah)로부터 따온 것이다.

청바지는 옆부분을 잘라낸 후 이상한 색깔의 헝겊을 덧붙여 대고 다리에는 여러 가지 색의 페인트칠을 해서 팔았다. 내가 보기에는 옷 같지도 않은데 친구들의 주문이 대기자 명단까지 있었다. 이렇게 해서 번 돈으로 희원이는 백화점에 가서 자기 마음에 꼭 드는 옷 몇 벌을 사 입었다.

내가 아이들의 기숙사를 방문할 때면 고칠 옷들을 모아놓고 세 아이들의 의견이 분분하다. 옷을 고치는 일이 엄마를 피곤하게 만든 다고 하여 딸들은 반대하고 그 일이 엄마를 기쁘게 하는 일이라며 막내아들은 우겨댄다.

나는 지금도 바느질하는 일이 즐겁다. 아이들에게 옷을 마음에 꼭 들게 고쳐 주면 그 옷을 입을 때마다 좋아하는 모습을 보는 것이 더 큰 즐거움이다. 재봉틀이 한 뜸 한 뜸 옷감을 박음질해서 앞으로 나가듯이 나의 삶과 아이들의 마음으로 엮어진 우리 가정의 프라이 드가 미국 사회 속으로 한 발 한 발 나아갔다.

이렇게 엄마가 가정에서 가족을 위해 무엇인가 열심히 일하던 모 습들이 아이들의 정서를 안정되게 하였으며 안정된 감정은 자신들 이 해야 할 방향을 잡는 데 큰 역할을 하였다고 본다.

어릴 때부터 부모와 함께 작은 일부터 성취해 가는 과정이 대학 입학이라는 중대한 과제가 앞에 닥쳤을 때 명문대학에서 요구하는 모든 문제들을 성실하고 꼼꼼하게 스스로 해나갈 수 있었다고 본다.

너희 이사가니?

어느 날 한국에서 미국을 다니러 온 친구가 우리 집에 도착해서 현관문을 열자마자 "너희 이사가니?" 하며 텅빈 거실로 들어서면서 의아한 얼굴로 나를 바라본다. 우리 집을 방문하는 사람들마다 보여지는 공통된 반응이다. 우리 집안을 둘러보며 살림살이가 아무 것도 없는 것에 모두들 놀라곤 한다.

여자들은 대체로 살림살이를 장만하고 가구와 예쁜 그릇들을 쓸고 닦으며 살아가는 것에서 상당한 기쁨을 맛본다. 내가 좋은 물건을 좋아하는 욕심이 없어서가 아니라 미국에 사는 동안 우리는 언젠가 한국으로 돌아가야 한다는 생각으로 살림살이를 사지 않고 살았다. 사실상은 가구를 장만할 만한 경제적인 여유가 없었던 것이 첫번째 이유이기도 했다.

남편이 어느 날 어느 가정에서 쓰던 의자를 판다는 광고를 보고 찾아가 25달러를 주고 사다 놓은 의자 3개가 우리 거실 살림살이의 전부였다. 그 의자 3개로 미국에서 15년간 살아왔다. 아이들이 어릴 때는 거실에서 아무리 뛰어다녀도 걸려 넘어지거나 부딪혀 다칠 염려가 없어서 가구가 없는 넓은 공간이 너 편하고 좋았으나 남편의 친구들이나 손님들이 우리 집을 방문해 3명 이상이 될 때는 별 수 없이 거실 바닥에 앉아야만 했다.

아이들이 친구들을 초청해 밤새우는 파티를 할 경우에 거실에 슬

리핑백을 넓게 펴고 자유롭게 뒹굴며 놀면서도 친구들이 가구가 없
는 우리 집을 이상하게 생각하거나 말거나 아무렇지도 않게 잘 지내
는 것을 보며 나는 자주 미안한 생각을 하곤 했다.

아이들이 하버드와 MIT에 입학한 후에 우리 집을 방문했던 많은
사람들로부터 "가구가 없는 집에서 키워야 아이들이 명문대학에 가
는 모양이구나." 하는 농담 반, 진담 반의 소리를 자주 듣곤 했다.

보석보다 값진 추억들

아이들이 시간적으로나 정신적으로 여유가 있을 때면 엄마의 장롱 앞에 앉아 옷장을 뒤적거린다. 내 옷장 속에는 아이들의 옛이야기가 모두 들어 있다. 그들이 자랄 때의 모습이 남아 있는 물건들이 쌓여 있다.

미국 병사(GI Joe) 인형, 아기 때 신던 신발, 세 아이들이 태어날 때 병원에서 팔목에 달아준 이름표, 아이들이 어릴 때 저금통을 털어서 어머니날 선물로 사온 백조인형, 형제끼리 싸웠을 때 쓴 반성문, 아이들이 집을 떠나 있을 때 보낸 편지 등... 나는 이런 것들을 모아 두는 것을 좋아한다. 나 또한 시간이 있을 때면 장롱 앞에 앉아 아이들이 어릴 때 쓴 편지를 읽는다. 읽고 또 읽어도 싫증이 나지 않는다. 어떤 명작소설보다도 재미가 있다.

요즈음 세 아이들과 인터넷으로 이메일을 거의 매일 주고받으면서도 나는 가끔 하얀 종이에 편지를 쓴다. 친필로 쓴 편지를 받으면 체온을 느낄 수 있다. 쓸 이야기가 궁할 때는 김소월의 시 한 수를 적어 보낸다.

두 딸이 하버드에 조기 입학한 후에 많은 부모늘이 우리 집을 방문하기를 원했다. 우리 집의 거실에는 좋은 가구나 TV, 소파가 없다. 음악을 들을 수 있는 오디오와 구석에 의자 몇 개가 있을 뿐이다. 아이들이 마음대로 뛰어 놀 수 있는 카펫 깔린 응접실의 넓은 공간이 필요하다고 생각했다. 아이들이 뛰어 놀다가 가구를 망치거나 가구에 부딪혀서 다칠 것을 염려할 필요가 없었다. 좋은 가구를 싫어해서가 아니라 그것을 살 만한 경제력도 부족했지만 물건에 얽매여 그것으로부터 지배받는 것이 나에게는 시간과 공간적인 낭비였다. 법정스님은 "많이 갖고 있다는 것은 그만큼 많이 얽매이는 것"이라고 말씀하셨다.

어느 날 서울에서 다니러 온 가까운 친구 하나가 다이아몬드를 사는 데 통역이 필요하다며 도움을 요청해 왔다. 세계에서 가장 많은 다이아몬드가 거래되는 보석거리인 맨해튼 42번가에 나갔다. 사람의 눈은 갖가지 아름다운 모습과 밝고 고운 색을 좋아한다. 여자가 보석의 아름다움에 도취되어 눈으로 인한 유혹을 극복하기란 힘든 일이다. 신비롭도록 아름다운 다이아몬드와 그것을 소유하기 위한 여인의 욕망을 실제로 비교할 수 있는 순간을 경험할 수 있었다.

다이아몬드는 탄소가 수백 년 동안 땅 속에서 고열과 압력에 의해 형성된 크리스털이며 세상에서 가장 강하고 비싼 탄소덩어리일 뿐이다. 그 탄소덩어리 앞에서 인간의 무수한 희비애락이 연출되는 것을 보면 인간은 영속성 앞에서 한없이 나약한 존재라는 생각이 든다. 인간이 허망하고 제한된 생물체라는 인간 존재의 실상과 다이아몬드를 비교해 보면 그 광채와 영속성은 나를 슬프게 한다.

다이아몬드를 거래하는 유태인들 중에는 물건을 팔고 사는 데 필요한 웬만한 한국말은 구사할 수 있는 사람들이 있음을 보고 나는 또 한 번 놀랐다. 이 화려한 보석거리를 주름잡고 있는 상인은 대부분이 유태인이고 한국인은 그들의 좋은 고객이라는 것이다.

성 어거스틴은 "사람은 절제를 통해 자신을 다스릴 수 있다."고

했다. 물질을 소유하고픈 욕망의 지배하에 있으면 자신의 욕구의 급류에 휩쓸려 진정한 안식이나 행복을 취할 수가 없다. 물질의 소유는 정신적인 부담과 허탈을 수반한다. 물질의 소유를 삶의 목적에 대한 도구로 생각하면 마음을 비울 수 있다.

영국의 경제 철학자 슈마허(E. F. Schumacher) 교수는 "인간의 욕망에는 한이 없으며 무한한 욕망은 물질로는 충족이 안 되며 정신 세계에서만 그 달성이 가능하다."고 말했다. 탐욕에서 벗어나기 위해서는 쉬지 않고 다음과 같은 연습이 필요하다고도 말했다.

첫째, 자기 자신의 탐욕을 억제하고
둘째, 사치품이 필수품으로 되게 하지 말며
셋째, 현재의 필수품을 점검하여 그 수를 줄이고 질을 간소화해야
　　　한다.

아름다움의 범주는 마음속에 있다. 인간의 생명체에서부터 얻어지는 아름다움을 발견할 때 나는 행복해진다.

정을 나누고 사랑을 나눌 때 사람들의 얼굴에 나타나는 표정이 내게는 아름답게 느껴진다. 그래서 나는 사람을 기다리러 공항에 나가는 것을 좋아한다. 가끔 비행기가 연착된다는 소식이 나를 괴롭히지 않는다. 사람들이 만나면서 행복해 하는 순간과 표정을 보는 것이 즐거워서이다. 그때 나는 마음속 깊은 곳에서부디 감정의 동요가 일어나는 환희를 맛보게 된다.

지난여름 희라의 기숙사를 방문했다가 큰아이의 옷장에서 내가 사업하면서 10년 이상을 들고 다닌 낡은 가방을 발견했다. 도시락,

책, 사전, 우산, 옷 한 벌 등 무엇이나 넣을 수 있는 이 가방은 희원이가 옷을 사면서 덤으로 받은 헝겊으로 된 큰 가방이다.

나는 "왜 그 낡은 가방을 버리지 않고 옷장 안에 두느냐?"고 희라에게 물었다.

희라는 "엄마의 삶이 담긴 이 가방이 제게는 아주 소중한 것이에요." 라고 말한다.

희라의 옷장 안도 나의 옷장을 닮아가고 있었다.

세 아이들의 돌 때 받은 금반지 몇 개를 지난번 금 모으기 할 때 내놓은 후부터는 장롱문의 열쇠가 필요 없게 되었다. 내 옷장의 물건들은 나와 내 가족 이외에는 아무도 탐내지 않을 것들이기 때문이다.

나의 신발장에는 3켤레의 운동화가 있다.

막내가 초등학교 3, 4학년일 때 발이 크는 속도가 빨라 다 닳기 전에 작아져서 못 신게 된 것들이다. 맨해튼의 보석거리, 사람들을 만나는 공항, 세일즈맨을 만나는 패션쇼룸 등에 갈 때 막내의 작아진 운동화를 신고 나가면 발도 편안하고 마음도 편안하다.

둘째의 생일선물

- 20번째 생일 -

"엄마, 나는 지금까지 엄마와 아빠의 관심을 차지하고 싶어서 언니나 희민이보다 더 열심히 공부했어요. 아무리 공부를 열심히 하고 잘해도 엄마는 내게 관심이 없었어요."

둘째 희원이가 하버드 대학에 입학하게 되어 기숙사로 들어가기 위해 짐을 꾸리면서 내게 한 말이다. 그 말을 해 놓고 희원이는 울고 있었다. 나는 무엇인가가 내 가슴을 때리는 것 같은 충격으로 머리가 아찔하였다.

장남인 남편과 결혼하여 희라, 희원 내리 딸을 낳고 4년 만에 아들 희민이를 낳으니 주위 친척 친지들은 물론 시부모님, 친정 부모님 모두 야단법석이었다. 내방에는 남편이 꽃을 사다 꽂아 놓고 시부모님은 몸보신하라고 보약을 지어 오시고, 주위로부터는 소갈비에 과일이며 선물이 푸짐하게 들어왔다. 시아버님의 좋아하시는 모습에서 나는 산후조리조차 필요 없을 만큼 몸이 빠르게 회복되었다.

2월에 희민이를 낳고 약 2주 후에 희라가 초등학교에 입학하게 되었다. 이번에는 주위사람들과 할머니, 할아버지께서 학용품이며 희라 옷을 사들고 오셨다. 첫아이를 처음 학교에 보내게 되니 우리 부부도 꽤나 흥분된 상태가 되었다.

모두들 아들 희민이와 초등학생이 된 희라에게만 관심이 집중되었다. 5살짜리 희원이에게는 찾아오는 사람마다 아무런 관심을 보이지 않았다. 희원이는 손님들이 찾아오거나 할머니 할아버지가 오셔도 한쪽 구석에 쭈그리고 앉아 있다가 이유 없이 큰 소리로 엉엉 울어대기도 했다. 식사 때가 되면 밥상 앞에 앉아서도 밥을 안 먹고 짜증만 부렸다. 나는 갓난아기를 돌보느라 쩔쩔매다 보면 하루해가 언제 가는지 모르고 틈을 내어 처음 학교에 들어간 희라를 붙잡고 앉아 숙제를 돌보아 주어야 하니 자연히 둘째 희원이를 돌보아 줄 틈이 없었다.

그러다 보니 희원이는 떼를 쓰면서도 독립심이 강한 성격으로 형성되어 가고 있었던 것 같다. 희원이는 학교에 입학하고서는 엄마의 도움이 별로 필요하지 않는 자립심이 강한 소녀로 성장해 가고 있었다. 학교의 준비물도 혼자 알아서 준비해 놓고 아침에 학교에 가져갈 가방과 물건들을 현관 앞에 갖다 놓고서야 잠자리에 들곤 하였다. 학교에서 돌아오면 엄마가 시키지 않아도 숙제 먼저 해놓고 놀았다. 내가 보기에는 학교에서 내준 숙제보다도 더 많은 것을 하는 것 같았다. 희원이만 항상 숙제가 많다고 했다. 자기의 방 정돈이며 하물며 어린 나이에 엄마의 옷장까지도 깔끔하게 정돈해 놓기도 했다. 그래서 나는 마음속으로 희원이는 저절로 크는 아이라고 생각하여 별로 마음을 쓰지 않았다. 대학입학원서를 작성할 때도 힘들고 당황했던 희라 때와는 달리 희원이는 엄마의 도움도 별로 없이 하버드 조기 입학에 합격하였다. 언니가 하버드 조기 입학에 제출할 원서를 작성할 때 어깨너머로 보아둔 것을 참고로 혼자서 했을 뿐 엄마의 도움도 별로 청하지 않았다. 희원이는 세 자식 중 가운데 끼어서 엄마 아빠의 관심은 물론 친척들에게도 인기가 없는 사람이라는 생각으로 꽉 차 있었던 것이다.

미국에서 일을 하면서 세 아이들을 키우느라 엄마의 책임을 다하지 못해 항상 미안한 마음이었는데 희원이의 말을 듣고 난 후 나는 아픈 마음을 가라앉히기가 힘들었다. 열손가락 깨물면 안 아픈 손가락이 없듯이 엄마에게는 자식이 다 똑같으며 자식에 대한 사랑도 똑같다는 말이 희원이에게는 소용이 없었다.

미국에서는 자식이 대학의 기숙사로 들어가면 부모와 함께 살 기회가 특별한 경우를 제외하고는 다시 오지 않는다. 희원이의 상처를 치유해 줄 기회도 없이 내 곁을 떠나게 되었으니 이제부터 내가 희원이에게 무엇을 어떻게 해야 하나 골똘히 연구하기 시작했다.

희라, 희원이가 집을 떠나 하버드 기숙사에 있으니 자연히 집안 소식이 매일 전해지기는 힘들었다. 나는 의도적으로 집안에 관한 중요한 모든 일들을 희원에게 먼저 알리고 희원이가 언니에게 말하도록 하였다. 희원이가 언니보다 더 중요한 사람이라고 느끼게 하기 위해서이다. 그렇게 하면서도 내 마음은 편치 않았고 18년 동안 희원이에게 엄마 역할을 잘 못하였다는 죄책감으로 마음이 무거웠다. 나는 곰곰이 생각한 끝에 희원이가 20살 되는 내년 생일을 위해 20개의 선물을 준비하기로 했다.

이즈음에 나는 희라, 희원이의 대학 학비를 대느라고 경제적으로 힘든 상태에 있었다. 생활비는 가능한 한 절약해야 했고 조금의 여유도 없었다. 그러는 중에도 희원이의 선물을 사기 위해 절약하고 또 절약해서 가욋돈을 만들었다. 수시로 시간을 내서 선물가게와 백화점 세일기간에 희원이가 원했던 것과 필요한 것을 사다가 모았다. 아이디어가 부족할 때는 희라에게 도움을 청했다.

우선 책 몇 권을 샀다. 소월 시집, 타골 시집, 헤르만 헤세의 유리알 유희(Glass Menagerie), 날짜가 적혀 있지 않아 오래도록 메모하면서 일기를 쓸 수 있는 하드 카버로 된 일기장, 멋있게 디자인한 은으로 만든 목걸이, 반지, 귀걸이, 목욕 후에 바르는 향기 좋은 로션, 향수, 립스틱, 목욕가운, 속옷도 한 벌 샀다. 희원이가 입고 싶었는데 값이 비싸서 살 수 없었던 디자이너 티셔츠도 샀다. 그 티셔츠와 잘 어울리는 스카프도 한 개 샀다.

기숙사가 겨울에 가끔 춥다고 하여 따뜻한 담요도 하나 사고 밤에 잘 때 안고 잘 수 있는 부드러운 쿠션도 사고 한쪽 벽에 장식으로 걸 수 있는 벽걸이, 희원이가 좋아하는 팝송 CD, 그때 유행하던 스포츠용 운동화, 마지막으로 초콜릿 한 박스를 사서 다시 선물바구니에 넣었다. 희원이의 선물을 사느라고 돈을 예산보다 초과하여 쓴 날은 며칠 동안 나의 점심값을 절약해야 했으므로 도시락을 싸가지고 출근해야 했다.

방학이 되어 집에 다니러 온 희원이의 운동화는 아주 낡아있었다. 새로 사서 감춰 놓은 운동화 때문인지 지금 신고 있는 운동화에 발가락이 금방 뛰어 나올 것 같은 안타까움이 내 마음을 흔들었다.

"희원아, 혹 운동화가 새는 것은 아니냐?" 내가 걱정스레 묻는 말에 "엄마, 걱정하지 마세요, 아직 발가락이 나오지 않으니 좀더 신을 수 있어요." 한다.

낡은 운동화를 다시 신고 하버드로 향하는 희원이의 모습을 보며 새 운동화를 신겨 보내고 싶은 충동을 참느라고 애를 먹었다. 선물 20개를 마련해 희원이가 선물을 받고 좋아할 생각을 하며 나는 여러 번 행복에 젖곤 했다. 희원이의 생일이 마침 일요일이었다.

같은 기숙사에 살고 있는 희라에게 연락해서 희원이가 일요일 오후에 외출하지 않도록 해놓았다. 물론 엄마가 기숙사로 오고 있다는 것은 희원이에게 비밀이었다.

"엄마, 나는 20개의 선물 받고 놀라서 좋아하는 작은 누나의 모습이 보고 싶어요." 하며 중학교 2학년짜리 희민이도 선물을 들고 따라나섰다.

희민이를 옆에 태우고 뉴욕 집을 출발하여 보스턴에 있는 희원이의 기숙사로 향해 떠났다.

우리가 살던 곳에서 하버드 대학까지는 서울에서 대구까지의 거리로 쉬지 않고 5시간을 운전해야 했다. 20개의 선물이 든 바구니를 끙끙대며 들고 희원이의 방으로 들어가는 희민이의 뒤를 띠라 희라와 나는 "Happy Birthday!" 하고 쓴 포스터를 들고 들어서며 셋이 함께 "Happy Birthday!"라고 큰 소리로 외쳤다. 엄마와 희민이와 선물바구니를 번갈아 바라보는 희원이의 놀라움은 대단했다. 20개의 선물을 한 개씩 한 개씩 풀어가면서 유난히도 살결이 흰 희원이의 뺨 위로 눈물이 주르르 흘러내렸다.

미국 유학을 준비하는 이들을 위하여

VNIVERSITAS
HARVARDIANA

- 고등학교(High School) -

미국에는 약 15,700개의 공립 고등학교와 약 3,700개의 사립 고등학교, 그리고 약 590개의 직업고등학교 등 모두 합쳐 약 2만 개의 고등학교가 있다. 미국에서는 5~17세까지의 아이들은 학교에 가야 할 의무(Compulsory Education)가 있으며 공립학교에 다닐 경우 교육비가 전혀 들지 않는다.

미국 전역의 14세~17세의 아이들의 95%가 고등학교에 가며 약 10%가 사립학교에 진학한다. 그 중에서 약 75%가 고등학교를 졸업한다. 공립학교는 교장선생님, 감독관리자(Superintendent), 교육위원들에 의해 운영되고 사립학교는 종교단체나 사설기관에 의해 운영된다. 공립학교의 재정은 약 50%의 주민세, 약 40%의 주정부 지원, 약 10%의 연방정부 지원을 받는다. 지역별로 조금씩 차이가 있다.

사립학교는 학생들로부터 받는 고액의 학비, 사설기관의 기부금, 종교단체의 헌납금, 졸업생이나 학부형들의 기부금 등으로 운영된다. 공립과 사립학교는 서로 장단점이 있다. 대체로 큰 도시에 있는 공립학교는 저소득층의 주민과 불법 혹은 합법 이민자들이 모여들기 때문에 한 반의 학생수가 많다(30~40명).

영어를 잘 하지 못하는 저소득층의 이민자들이 섞여 있게 되므로 학교에서 면학분위기를 조성하기가 매우 힘들다. 그러나 좋은 동네에 있는 공립학교는 부유한 주민들의 세금으로 학교시설과 우수한 선생님을 유치하게 되므로 그 수준의 차이는 상당하다. 사립학교는 기숙사가 있는 학교 즉, 기숙학교(Boarding School)와 주간학교(Day School)가 있다. 주간학교에는 기숙사가 없으므로 집에서 통학해야 하고 기숙학교는 입학허가를 받으면 기숙사에 들어가게 된다.

사립학교의 수준도 천차만별이다.

동부에 있는 유명한 기숙학교(Boarding School)인 필립스 엑시터 아카데미(Phillips Exeter Academy. NH), 필립스 아카데믹 앤도버(Phillips Academy Andover, MA), 세인트 폴(St. Paul, NH), 초트 로즈메리 홀(Choate Rosemary Hall, CT), 허치키스 스쿨(The Hotchkiss School, CT), 디어필드 아카데미(Deerfield Academy, MA), 더 로렌스빌 스쿨(The Lawrenceville School, NJ), 밀턴 아카데미(Milton Academy, MA)의 학비는 기숙사비, 책값, 용돈 등을 합쳐 연간 약 4만~5만 달러가 필요하다. 이런 학교는 입학허가를 받는 데 경쟁이 매우 심하다.

SSAT(Secondary School Admission Test) 점수, 최근 2년 동안의 학교 성적, 과외활동, 학교 선생님의 추천서, 혹은 목사님, 지역인사의 추천서, 자기를 소개하는 에세이, 학교에서 질문하는 몇 가지에 대답하는 에세이 등 대학입학원서와 다름없이 어려운 과정을 거쳐야 한다. 어떤 학교는 학교 자체의 입학시험을 요구하는 곳도 있다. 학교 성적만 우수한 것으로는 입학허가를 받기가 힘들다. 이런 학교를 지원하는 아이들의 성적은 모두 우수하므로 본인이 쓴 에세이와 선생님, 목사님, 지역인사 등의 추천서를 통해 지원자의 사람 됨됨이를 상세히 검토하는 데 많은 비중을 둔다. 일단 좋은 사립학교에 들어가면 명문대학에 들어갈 수 있는 기회가 많아지게 된다. 학교의 수준과 질은 우수한 선생님이 얼마나 있으며 선생님 한 명당 학생이 몇 명인가를 파악하면 대체로 정확하다. 동부의 우수한 사립 고등학교는 대체로 한 반에 7~8명이며 일단 입학한 학생은 카운슬러가 입학시부터 대학입학시까지 상세하게 지도하며 도와준다.

동부의 유명한 사립학교에서는 해마다 하버드에 20~30명씩 입학시킨다. 이런 학교에서는 국제학생을 받아주므로 실력과 재력이 뒷받침되면 어느 나라에서나 입학을 지원할 수 있다.

명문 사립학교에 입학하면 엄격한 기숙사 생활을 하게 되므로 대체로 부모들이 생활이나 학과문제를 걱정하지 않아도 되며, 일반 대학입학 준비와 학교 내의 과외활동에 신경을 쓰지 않아도 된다. 학생수가 많은 사립학교에는 다양한 클럽활동과 과외활동이 있으므로 자유롭게 참여할 기회가 많으나 음악, 발레, 미술, 체육 등 특기교육은 집중적으로 교육을 시킬 수가 없다.

특수분야의 실력 있는 선생님이나 학교, 예를 들면 줄리아드 예비학교나 미술전문교육기관(The Art Students League)을 찾아서 따로 교육을 시켜야 할 때는 기숙사 생활을 하면서 그 뒷바라지를 해 줄 사람이 없다는 점과 사립학교 주위에서 한 분야에 실력 있는 지도자를 찾는 일이 또한 쉽지 않은 일이라는 점이 어려운 부분이다.

주간학교의 수준도 천차만별이다.

뉴욕 맨해튼의 89번가에 있는 더 달톤 스쿨(The Dalton School)은 전교생(K~12학년)이 1,290명이며 고등학교(9~12학년)학생만 440명이다. 이 학교 학생은 맨해튼에 거주하는 부유층 자녀들이며 명문대학 입학률이 매우 높다. 뉴욕 리버데일(Riverdale)에 있는 더 호레이스맨 스쿨(The Horace Mann School)은 전교생(N~12학년)이 1,645명, 중·고등학교(7~12학년) 학생수가 908명이다.

사립학교를 선택할 때 반드시 주지하여야 할 점은 학생수가 많은 남녀공학(Coeducational School)인 학교가 좋다는 점이다. 규모가 작은 사립학교는 전교생이 100명 미만인 학교도 있다. 워싱턴에 있는 아동권리협의회(CRC)가 자녀교육에 가장 적합한 주로 선정한 미국 중부의 전형적인 농촌지방인 아이오와(Iowa) 주에 있는 스캐터굿 프렌즈 스쿨(Scattergood Friends School)은 남녀공학이면서 전교생(9~12학년)이 46명이다. 캘리포니아 로스앤젤레스에 있는 퍼시픽 크리스찬 하이스쿨(Pacific Christian High School)은 전교생(9~12학년)이 57명이다. 학생수가 적으면 학생간의 경쟁심도 약하고 과외활동(Extra Curricular Activities)의 범위가 좁기 때문에 재능을 발휘하여 인정받을 기회가 그만큼 적어짐은 물론 학교의 재정문제 때문에 학교의 시설이나 교사들이 빈약한 경우가 많다(이상 1997년 통계).

뉴욕 맨해튼에는 공립학교이면서 거주지역의 제한 없이 입학시험에 의해 들어갈 수 있는 브롱스 사이언스(Bronx Science)나 스타이브샌트(Stuyvesant) 같은 명문 고등학교도 있다. 공립학교이면서 영재들을 입학시험에 의해 선발하므로 거주지역의 제한을 받지 않음은 물론 학비가 들지 않고 시설이나 선생님들이 우수하다. 이 학교에는 성적이 우수한 학생들이 입학하므로 명문대학 입학률이 높다. 뉴욕과 뉴저지에 사는 많은 학생들이 이 학교에 입학하기 위해 과외 공부를 하고 있다. 그러나 기숙사가 없으므로 8~12학년까지

통학문제가 간단치 않은 일이다. 나는 맨해튼 북쪽으로 약 15마일 떨어진 곳에 있는 스카스데일이라는 동네에 살면서 세 아이들을 가르쳤다. 스카스데일이라는 동네는 5,598가구에 16,992명(1993년 통계)이 살고 있다. 초등학교(유치원~6학년)가 5개, 중학교(7~8학년)가 1개, 고등학교(9~12학년)가 1개 있다. 이들은 모두 공립학교이며 주민에 의해 선출된 7명의 교육위원으로 구성된 교육청에 의해 관리된다.

미국 전역의 4년제 대학진학률이 20%인데 이곳 스카스데일 고등학교에서는 졸업생의 95%가 대학에 진학한다. 졸업생의 25%가 아이비리그 대학에, 25%가 그 외 명문대학에 입학하며 해마다 10여 명이 하버드에 입학한다.

내가 이 동네를 선택했던 몇 가지 이유는 우선 세 아이들을 사립 고등학교에 보낼 만큼 경제적으로 뒷받침하기가 충분치 않았던 점도 있었지만 이 동네에 살게 되면 음악과 미술을 잘 가르칠 수 있는 충분한 여건이 지역적으로 갖추어져 있었기 때문이다.

이 동네에서 맨해튼 66번가에 있는 줄리아드까지는 차로 40분 거리이며 맨해튼에는 미술을 가르칠 수 있는 미술전문교육기관도 있다.

이곳은 교내의 충분한 과외활동과 교외의 과외활동에도 참여의 기회가 많았다. 또한 사립학교에서 일정 이상의 부유층 학생들과 모여서 공부하는 것보디는 남녀공학의 공립학교에서 많은 학생들과 어울려 학교생활을 하는 것이 사회에 나온 후 여러 가지 어려운 환경을 접할 때 이를 극복할 수 있는 능력을 키우는 데 도움이 될 것이라는 판단을 했던 것이다.

스카스데일 하이스쿨은 그 당시 전교생(9~12학년)이 1,119명이며 선생님이 114명이었다(1998년 현재). 학교 내 클럽이 37개가 있으며 학생 활동 위원회(Student Activities Committee)가 있어서 누구든지 클럽에 관해 담당 선생님들과 항상 상담할 수 있다.

이 학교의 우수성은 무엇보다도 우수한 선생님들에게 있다. 대부분의 선생님들이 아이비리그 대학을 졸업했고 많은 선생님들이 석사나 박사학위를 소지하고 있는 분들이다. 대학에서 가르칠 수 있을 만큼의 실력을 갖춘 분들인데 여러 가지 개인적인 이유로 이 학교에서 가르치는 것을 선택한 분들이다. PTA(Parent-Teacher Association)에는 좋은 선생님들을 스카웃하여 오는 위원들이 따로 있으며 다른 지역에 비해 선생님들에 대한 대우가 월등하다. 어느 해 이 학교에 교감 선생님 자리가 비었을 때 1,300명이 지원했다고 한다.

대학입학을 위한 카운슬링에 특별한 지도를 해주는 것 또한 이 학교의 우수한 점이다. 9학년에 입학하면 곧 담당 학장(Dean, 카운슬러)을 정한다. 9명의 학장이 학생을 나누어 맡아서 담당하게 된다. 형제 중에 이 학교를 먼저 다닐 경우 담당했던 학장과 특별히 잘 알고 있거나 좋아하는 학장이 있으면 9학년 초에 학장을 선택하도록 한 번의 기회를 준다.

이 학교의 학장은 심리학자이거나 심리학을 전공한 분들이다. 담당 학장이 입학시에 학생을 담당하면 대학에 입학할 때까지 맡은 학생에 대한 모든 것을 4년 동안 기록하면서 상담을 해준다. 학교성적, 과목 선택, 학생의 실력수준, 특기, 과외활동, 장래 진로 및 희망, 성격, 적성, 하물며 가정문제, 건강상태까지 어떤 면으로는 부모보다도 학장이 학생에 대해 더 정확하게 파악하고 있다. 그래서 학생들이 대학을 선택하는 데 진지하게 도와준다. 학장은 대학에서 학생들을 뽑을 때 어떤 대학에서 어떤 점을 중점적으로 요구하는지를 잘 파악하고 있다. 4년 동안 학생과 담당 학장은 아주 가까운 사이가 되며 학장이 부모를 만나기를 요청하기 전에는 부모가 학교에 갈 필요가 없다. 주로 학생에게 문제가 있을 때 담당 학장이 부모를 만나기를 원한다. 특별한 재능이 있는 학생들에게는 그들에게 필요한 전문적인 자료를 제공해 주기도 하고 지도할 선생님을 추천해 주기도 한다.

희라가 10학년 때 치르는 PSAT(Preliminary Scholastic Aptitude Test ; 대학진학 적성예비시험) 결과를 보고 영어에 만족하지 못하여 담당 학장과 상의하였는데 한때 SAT(Scholastic Aptitude Test : 대학진학적성검사)의 출제위원을 지냈던 영어 선생님을 소개해 주어 특별 개인지도를 받을 수 있었다. 이때 처음 안 사실이지만 미국 가정에서 태어나 공부를 잘 하고 있는 학생들이 이 선생님으로부터 개인 지도를 받고 있을 뿐 아니라 많은 학생들이 차례를 기다리고 있었다. 이 선생님으로부터 시간배정을 받기 위해 희라는 두 달을 기다려야만 했다.

영어 선생님은 방과 후 매주 한 시간씩 우리 집에 와서 공부를 시킨 후 일주일 동안 공부할 범위와 방향을 가르쳐 주고 간다. 그 결과로 1년 후에 치른 SAT 점수가 만족힐 만큼 향상된 점수를 받아볼 수 있었다. 둘째, 셋째 모두 같은 선생님으로부터 1년씩 영어를 특별 개인지도 받았다. 영어 선생님의 과외가 있는 날 혹시 내가 집에 있을 때면 나는 한국 음식 한 접시를 공부하는 방에 들여 놓곤 했다.

영어선생님은 새우튀김과 만두를 특별히 좋아했다. 선생님과 공부하는 방에서는 항상 웃음소리가 흘러나왔다. 이 선생님과는 세 아이들이 모두 친구처럼 가까워져서 대학 입학 때 에세이를 쓰는 데 특별히 많은 도움을 받았다.

희원이가 10학년일 때 사회학을 가르쳤던 긴스버그(Ginsberg) 선생님과 잊지 못할 일이 있다. 긴스버그 선생님은 희원이의 줄리아드 예비학교 졸업 연주회에 참석해서 나에게 악수를 청하며 우수한 제자를 갖고 있어 영광이라고 하면서 희원이가 어떻게 성장해 가는지 꼭 지켜본다고 했다.

나는 그때 긴스버그 선생님과 처음으로 인사했다. 희원이의 우수성에 감탄한 긴스버그 선생님은 초등학교 3학년에 다니는 아들을 매주 우리 집에 데리고 와서 희원이로부터 피아노 레슨을 받게 했다. 레슨비로 시간당 꼬박 30달러씩 놓고 갔다.

긴스버그 선생님은 아들이 희원이로부터 피아노뿐만 아니라 공부하는 방법과 태도, 정신력을 배우게 하고 싶다고 했다. 이 학교의 사회학 과목의 과장 선생님 로스차일드(Rothschild)는 하버드 대학을 졸업하고 이 학교에서 34년간 역사를 가르치고 있다. 하버드를 비롯한 여러 대학에서 역사를 강의하기도 한 로스차일드 선생님의 많은 제자들이 명문대학의 역사학 교수가 되기도 했다. 이 선생님은 아직도 이 고등학교에서 역사를 가르치며 카페테리아에서 학생들과 커피를 마시며 잡담하기를 좋아한다. 한때 그 선생님의 훌륭한 점이 〈뉴욕타임즈〉에 보도되기도 했는데, 그 기사에 따르면 제자인 학생들 모두가 그 선생님이 자기들의 가까운 친구 같다고 했다. 이 학교의 많은 과외활동은 담당 선생님들의 지도 아래 매우 활발하게 이루어지고 있으며 학교신문 〈마룬(Maroon)〉은 해마다 고등학교 저널리즘 대회에서 일등을 차지한다.

학생자치회(School Government)는 활동이 매우 진지해서 학과목, 학생복지와 권리, 상급제도, 헬스센터와 카페테리아, 성차별, 인종차별, 사회문제, 동문회 관계 등 여러 가지 학생들의 관심사 및 학교생활의 전반적인 문제들을 선생님, 학교 행정기관, PTA와 직접 협의하며 모든 문제를 해결해 나간다.

고등학교 시절, 학생자치회에 참여해서 얻은 경험으로 대학에 진학해서도 다시 각 다른 활동에 적극 참여하게 되는데 그 경험으로 대학 졸업 후에 대학원, 경영대학원, 법학대학원, 투자은행 등 여러 분야로의 진로를 선택하는 데 자신감을 갖게 된다.

이 학교의 도서실에는 4만 5천 권의 책과 마이크로필름, 마이크로피쉬, 필름스트립스, 필름룹스, 슬라이드, 레코드 등을 갖추고 있으며 전문 사서가 필요한 모든 자료들을 찾는 데 학생들을 도와주고 있다.

이 도서실에는 또한 미디어와 오디오 비주얼 센터, 텔레비전 스튜디오가 따로 있고 180여 가지의 잡지와 20가지가 넘는 신문을 구비하고 있다.

또한 운동시설로는 4개의 테니스장, 트랙, 야구장, 라켓볼장, 실내 농구장 등을 구비하고 있어서 좋은 사립학교의 시설에 뒤지지 않는다.

이 학교의 또 다른 특이할 만한 점은 대부분이 전문분야에서 일하는 학부형들이 학교의 발전을 위해 적극적으로 참여한다는 점이다.

이 학교는 우수한 선생님과 학부형들이 미국의 발달된 지방자치의 강점을 잘 살려 모범적으로 학교를 운영해서 자녀교육에 성공하고 있는 대표적인 학교 중의 하나이다.

이와 같이 한 지역의 일개 공립 고등학교를 살펴보고 우리나라 현실과 비교할 때 너무나 엄청난 차이에서 오는 좌절감과 안타까움을 억제할 수 없다. 내가 1960년대에 다녔던 이화여고보다 어느 면으로는 현재 우리의 고등학교 환경이 더 나쁘다는 생각이 든다. 어른들은 모두 의식을 깨고 일어나 공교육의 질적 향상을 위해 처절한 노력을 하지 않으면 안 된다.

우리나라의 우수한 아이들을 미국의 좋은 고등학교에 보내면 얼마나 많은 인재들이 쏟아져 나올까 하는 아쉬움이 내 마음속을 안타깝게 하여 때로는 분한 마음까지 억제할 수가 없다.

인간이 태어나서 어른들이 만들어 놓은 잘못된 제도에 우수한 아이들이 노예가 되어 재질과 재능을 사장당하고 있다면 그보다 더 큰 죄악이 어디 있겠는가. 재능 있는 아이들을 잘 교육시켜야만 사회가 발전한다.

교육을 담당하는 일선의 책임자들은 미국의 잘된 학교의 현장을 견학하고 연구하는 데 노력하기를 바란다.

미국 대학의 입학원서를 받아보면 9학년(한국의 중3)부터 학업성적, 여름 방학에 한 일, 봉사활동 등 모든 기록을 적게 되어 있다. 나는 유학을 계획하고 있는 부모들에게 권하고 싶다. 미국 유학은 9학년부터 보내는 것이 이상적이다.

한국과 미국의 문화는 근본적으로 차이가 있다. 미국의 부모들은 아이들을 철저하게 하나의 독립된 개체로 키우기 때문에 한국 부모의 정서적 관점으로 보면 미국인들이 아주 냉정한 개인주의로 보인다. 그들은 부모와 자식 간의 애정표현이나 부모에게 효도하는 방법이 다르다. 미국의 부모들은 결혼한 자식의 집을 방문할 때는 자식의 집에 여유의 방이 있는데도 그 집에서 가까운 호텔에 머물며 저녁이나 아침 식사 중에 정식으로 초대를 받는다. 그리고 다녀간 후에는 부모가 자식에게 초대해 주어서 고맙다는 "감사카드(Thank you card)"를 반드시 보낸다. 한국의 부모가 자식 집에 갔다가 그 집에 머물지 못하고 근처의 호텔에 묵고 왔다고 생각해 보자. 한국의 부모들은 자식을 미국 유학 보냈다가 사람 버렸다고 야단일 것이다. 그래서 아이를 너무 일찍 미국에 유학 보내면 부모는 한국 사람, 자식은 미국 사람이 되어 노후에 자식과의 관계에서 행복을 누리기보다는 부모와 자식 간의 정서적 차이 때문에 한국에서만 자식을 키운 부모들보다 더 큰 외로움을 느낄 때가 있다. 중학교 3학년까지 부모

가 데리고 정서적으로 안정되고 자기의 정체성을 확고하게 교육시
키면 한국인으로서의 민족의식이나 문화적인 확실성이 뿌리를 내린
다고 본다.

그렇게 된 후에 유학을 보내면 한국 부모 밑에서 동양의 우수성
을 바탕으로 성장한 아이가 우수한 미국의 전인교육과 조화를 이루
어 이상적인 형태의 인격자로 자란다고 본다. 그렇게 되면 부모와
아이가 한국말로 편지도 나눌 수 있고 한국말과 영어를 완벽하게 구
사할 수 있는 바일링귀스트(Bilinguist, 두 나라 말을 모국어처럼 하는
사람)가 되어 세계화의 대열에 설 수 있다.

미국 유학을 생각할 때 부모들은 미국의 친척이나 친지들을 의지
하여 그들에게 자식을 맡길 생각을 하는데 그것은 위험한 생각이다.
요즘 세대는 각자가 자신들의 행복을 위해 자식을 하나씩만 낳는데
친척이나 친지의 아이를 잘 돌보아 줄 수 있는 사람은 많지 않다고
본다. 친척집에 아이를 맡겼다가 어른들 서로 간에 불편한 관계가
생겨 아이를 전학시켜야 하는 사태까지 벌어지는 사례를 나는 미국
에 있는 동안에 많이 보아 왔다.

미국에는 9학년부터 기숙사가 있는 기숙학교가 많이 있다. 기숙
사가 있는 사립학교에서는 9학년부터 미국의 대학과정과 학습방법
이 비슷하기 때문에 대학생활의 적응력이 뛰어나다. 우리 아이들이
졸업한 스카스데일 고등학교는 공립학교이면서 사립학교 못지않은
좋은 환경과 교육과정을 갖추고 있는 학교라서 좋은 고등학교로 정
평이 나 있다.

희라, 희원이가 하버드에 다니면서 스카스데일 고등학교가 얼마
나 좋은 학교인지 실제로 경험한 이야기들을 들려주면서 그곳에 살

게 해준 부모님께 감사한다는 말을 자주 하였다. 예를 들면 시골의 작은 학교에서 우수한 성적으로 졸업하고 그 성적과 여러 가지 조건이 맞아 하버드에 입학한 후에 대학공부하는 방법에 적응하지 못하여 고생하거나 1년씩 유급하는 아이들을 자주 본다고 했다.

좋은 고등학교를 판단하는 데는 AP(Advanced Placement : 대학과정) 코스가 그 학교에 몇 과목 있는지 알아보는 것도 한 가지 좋은 방법이다. 고등학교 선생님이지만 AP 코스를 가르칠 만큼 실력을 갖춘 선생님이 많지 않다.

그런데 9학년에 미국에 유학을 보내려면 부모가 반드시 해야 할 조건이 있다.

1. 영어는 듣고 말하고 쓰는 데 불편함이 없어야 한다.
2. 책을 많이 읽혀야 한다.
3. 미국 역사에 관한 책을 미리 읽혀야 한다. 미국 고등학교에서 역사 과목은 매우 중요시하는 과목이다. 우리 아이들의 경험으로 고등학교에서 미국의 역사과목을 힘들어 하였다.
4. 한국의 역사와 문화에 관한 확고한 자기 견해를 키워 주어야 한다.
5. 독립심이 강하게 키워야 한다.
6. 자신에게 필요한 일은 스스로 해결하는 생활습관을 키워주어야 한다.
7. 어려움에 부딪혔을 때 겁내거나 피하지 않고 부딪혀서 스스로 해결하는 능력을 키워 줘야 한다.
8. 봉사정신이 있어서 가족은 물론 이웃을 잘 돕는 아이로 키워야

한다.

9. 물질적인 부족함에서도 잘 견디는 훈련을 시켜야 한다.

10. 인내심을 강하게 키워야 한다.

혼자 유학을 보내도 기숙사 생활을 하면서 꿈과 희망을 안고 열심히 공부하는 아이라는 부모의 판단이 서고 경제력이 뒤따라 준다면 이런 아이들은 유학을 보내야 한다. 실제로 희라, 희원이 친구 중에 9학년에 미국의 좋은 사립 고등학교에 와서 하버드에 들어온 아이들을 만나보았다. 나는 그들에게 어떻게 공부하였는지 물어보았다. 미국의 좋은 사립 고등학교는 입학하기가 쉽지 않다. 그들은 부모가 어릴 때부터 여름방학 때마다 미국 캠프에 보냈고 한국에서 학교 다니는 동안 영어공부에 전심전력하였으며, 끊임없이 영어로 된 동화책을 읽었다고 한다. 그러나 고등학교까지 부모와 함께 지내면서 정상적으로 한국의 고등학교를 졸업하고 미국의 대학으로 직접 유학할 수 있다면 그것이 가장 이상적인 방법이다.

그러나 미국대학에서 공부하는 데 지장이 없을 만큼 영어 실력이 갖추어졌을 경우라면 말이다. 대학 재학중에 미국에 유학 와서 언어 때문에 고생하는 것은 이루 말할 수 없다. 대학의 정상적인 수업을 듣기까지, 언어만 극복하는 데는 물론 개인적인 차이가 있기는 하지만 3년 이상이 걸린다.

그들은 하나같이 왜 좀 더 일찍 유학의 길을 시작하지 않았나 하는 후회를 하곤 한다. 고등학교 때 유학 온 아이들도 좀 더 일찍 유학 올 것을 후회하지 않는 아이를 본 적이 없다.

9학년에 유학을 갈 경우 한국에서 닦아온 영어실력을 바탕으로

9학년 1년 동안 열심히 영어공부를 하면 10학년부터는 정상적인 수업을 받을 수가 있다. 대학입학 때 9학년 성적은 참고사항이 되며 학년이 높아갈수록 성적이 향상되는 것이 아주 좋은 결과를 가져 오게 된다.

유학을 보낸 어떤 부모는 아이가 미국에 가자마자 6개월 만에 영어를 A학점을 받았다고 좋아하면서 성적표를 들고 와 내보이는데 그것은 초급 ESL 과정에서의 영어 점수인 것이다. 고등학교의 영어 과정은 AP 코스까지 여러 단계가 있으며 영어야말로 미국 아이들도 가장 힘들어 하는 과목 중의 하나이다.

미국 대학 준비 과정

대학시절은 삶의 질과 방향을 정하는 가장 중요한 시기이다.

이때는 영감을 받아들이는 데 가장 영특한 시기이고 자기 인생의 앞날에 무엇을 할 것인가를 결정하고 독립된 개체로서 자기정체성을 확고히 하는 시기이다. 대학이란 그곳에서 새로운 것을 발견하고 그 새로운 과제에 대응할 수 있는 능력을 키워 주는 곳이며, 자신이 정열적으로 할 수 있는 것이 무엇인가를 발견하게 해주는 곳이다. 또한 개개인의 관심과 능력에 맞춰 총체적 자산을 길러 주는 곳이기도 하다.

대학 교수님들은 학생들에게 가장 소중한 양질의 교육을 해야 하며 일단 대학에 입학한 학생은 그러한 교육을 받을 권리가 있다. 나는 교수님의 낡아 빠진 노트로부터 받아쓰기하여 딸딸 외워서 답안지를 채워 학점을 따면서 대학생활 4년간을 허송세월한 생각을 하면 나의 인생 중 가장 아깝고 후회되는 세월이란 생각을 지울 수 없다.

내가 다시 대학생으로 돌아갈 수만 있다면 나는 어떤 장애가 있더라도 기어코 유학을 떠날 것이다.

우리나라의 아이들은 고등학교 때 입시지옥에 시달려 막상 대학에 들어가면 정신적으로나 육체적으로 지쳐서 대학생활이 인생에 있어서 얼마나 값지고 소중한 것인지조차 깨닫지 못하고 아까운 세월을 흘려보내는 대학생들을 많이 보았다.

교육개혁은 하루아침에 이루어지지 않는다.

교육의 개혁은 국민들의 지속적인 참여의식과 관심, 또한 국가가 개혁하려는 의지를 갖고 끊임없이 노력할 때 이루어진다. 우리나라의 능력 있는 우수한 고등학생들이 교육개혁을 기다리며 세월을 흘려보내는 것은 개인적으로나 국가적으로 크나큰 손실이다. 모든 여건이 갖추어진 사람들은 미국의 대학으로 유학 갈 것을 나는 적극 권한다.

미국 대학에 입학하려면 아래 사항을 차근차근 준비해야 한다.

- 내신성적(GPA, Grade Point Average) 9학년부터 12학년까지 4년간 학교 평균성적
- 수학능력적성검사(SAT, Scholastic Aptitude Test)
- 과외특별활동(Extracurricular Activities)
- 추천서(Letters of Recommendation)
- 인터뷰(Interview)
- 에세이(Essay)

1. 내신성적(GPA)

9학년에서 12학년까지의 학교성적이 중요하다.

학교성적에서 학년이 올라갈수록 성적이 향상되는 것이 바람직하다. 예를 들어 10학년 때 성적이 좋았다가 11학년에 성적이 떨어지면 아주 불리하다. 왜냐하면 그 뜻은 나이가 들면서 노력하고 발전할 가능성을 보기 때문이다.

2. 수학능력적성검사(SAT)

SAT 점수는 수학 800점, 영어 800점, 합해서 1600점 만점
(2005년 3월 부터 Critical Reading 800점, Writing 800점,
Mathematics 800점, 총 2400점 만점으로 바뀜)인데 당시 1400점이
넘으면 대체로 미국의 명문대학에 도전하는 데 아무 지장이 없다고
본다. 한국의 아이들은 수학에서는 만점을 맞거나 우수한 성적을 받
는 학생이 많은 데 비해 영어점수는 쉽게 좋은 성적을 받지 못한다.

어릴 때부터 책을 많이 읽는 아이들의 영어점수가 우수하다.

3. 과외활동(Extracurricular Activities)

과외 활동은 고등학교 생활 중에서 리더십에 해당하는 학생회
장, 학교 신문편집장을 했거나 오케스트라 멤버, 음악경영대회 입상
한 경험, 미술대회 입상한 실적 등 모든 것이 해당된다.

학교 내의 과외 활동 중에서 무슨 클럽이든지 우두머리가 되는
것은 아주 중요하다. 미국 대학에서 용의 꼬리보다는 닭의 머리에
점수를 더 많이 준다고 보면 된다.

희라, 희원, 희민이는 대학입학원서 낼 때 줄리아드 예비학교에
서 연주한 테이프와 미술대회에서 상을 탄 작품, 그리고 그 외 미술
활동한 작품들을 포트폴리오로 만들어 제출했다. 미술대학이나 음
악대학이 아닌 일반 대학을 지원하는데도 음악활동, 미술작품 등을
입학심사에서 많이 참조하는 것은 그들이 공부 이외의 활동에도 열
심히 노력했다는 증거가 되기 때문이다.

또한 봉사활동을 한 것도 중요하다.

희라, 희원, 희민 모두 우리 동네에 혼자 살고 있는 노인에게 1년

동안 책 읽어주기, 식료품 사다 주기, 명절에 케이크나 과자를 만들어서 찾아가 인사하고 함께 지내는 일, 병원의 중환자실이나 병동에서 환자 돌보는 일 등 많은 봉사활동을 했다.

기록을 남기기 위한 것보다도 그들은 진심으로 봉사를 했다. 그래서 대학으로 떠난 후에도 노인들과의 유대관계가 지속되어 크리스마스 때 집에 다니러 오면 선물을 주고받기도 했다.

아이들이 노인들을 돌보는 것이 지역동네 신문에 실린 적도 있었다. 나의 경우 이런 것도 잘 보관했다가 대학입학원서에 첨부했다.

4. 추천서(Letters of Recommendation)

미국의 선생님들은 추천서를 정직하게 쓰고 대학입학 선정 위원들은 선생님의 추천서를 절대적으로 믿는다. 입학원서를 보면 영어, 수학 선생님의 추천서는 꼭 받게 되어 있다. 반드시 졸업반 때 배운 선생님이 아니고 고등학교 때 가르쳐 본 선생님이면 된다. 추천서를 선생님께 부탁할 때 자신을 가장 칭찬해 줄 수 있는 선생님을 선정하는 것이 좋다.

고등학교 선생님들은 우수한 학생이 추천서를 부탁하면 매우 영광으로 생각한다. 그 이외 봉사활동을 열심히 했던 병원 원장이나 목사님, 경찰 서장, 군수, 국회의원 등 사회적으로 명망 있는 분들에게서 좋은 추천서를 받을 수 있으면 좋다.

추천서는 너무 많아도 안 좋고 3~5개를 내는 것이 좋다. 희라가 하버드대학 특차에 합격한 후 어느 날 한 어머니가 나를 찾아왔다.

아들 에디는 SAT 1600점 맞고도 하버드 특차에 합격하지 못했는데, 일반전형에서 합격하려면 무엇을 보충하면 좋겠느냐고 물어

왔다. 특차는 12월 중순에 발표하고 일반전형은 그 다음해 4월 중순에 발표하므로 미숙한 점을 보완할 시간이 충분히 있다. 자초지종 이야기를 들어보니 에디는 학교 갈 때 청바지를 입고 갈 수 없는 엄격한 학교에 다녔는데 학교성적이 우수하였고, 특히 영어성적이 우수하여 학교에서 유명한 학생이었다고 한다. 영어 선생님은 에디를 영웅시하여 이 세상에서 영어를 제일 잘하는 학생으로 대접했다고 한다. 교만해진 에디는 학교의 규칙을 가끔 어기고 그 당시 한창 유행이던 찢어진 청바지를 학교에 입고 가서 부모님이 교장실에 불려간 적이 있었다고 한다.

에디의 추천서 중 영어 선생님의 것은 물론 우수했으나 교장 선생님이 에디의 태도에 관해서 입학원서에 썼다고 한다. 나는 더 이상의 이야기를 들을 필요가 없었다. 에디는 일반전형에서도 하버드에 합격하지 못했다.

나의 친구 아들 피터는 9학년까지 공부하지 않고 놀다가 10학년 때부터 대학에 갈 준비를 시작했는데 성적이 쉽게 오르지 않아 피터의 부모는 걱정이 많았다. 11학년부터는 중상위권에 들어가기 시작했다. 그 해 여름 폭우가 쏟아져 동네의 조그만 개울의 나무다리들이 다 떠내려갔다. 11학년 여름방학 동안 피터는 친구 3명과 함께 동네의 나무다리들을 모두 고쳐 놓았다. 그 동네의 경찰서장과 군수는 피터에게 감사장을 주고 물론 대학갈 때 추천서까지 써주었다. 이 일이 알려져 그 동네 국회의원에게서도 감사장이 왔다.

그 다음해 피터는 남자아이들이 선망하는 미육군사관학교(Westpoint)에 무난히 합격하였다. 미육군사관학교는 미국의 일반 명문대학만큼이나 입학하기가 어렵다.

5. 인터뷰(Interview)

대학교에 처음 원서를 제출하면 학생이 살고 있는 동네에서 가장 가까운 곳에 있는 대체로 성공한 동문과 면접을 하도록 학교에서 연락이 온다.

대학 지원자는 그 동문과 연락해서 시간과 장소를 정한다. 대개 동문의 집에서 할 경우가 많다.

우리 세 아이들 모두 동문의 집에 가서 했다.

그 동문은 학생의 고등학교에 연락해서 그 학생에 관한 모든 정보를 갖고 있다. 동문과 인터뷰하러 갈 때 자신을 더 잘 알게 할 수 있는 참고자료, 그림이나 상장 등을 갖고 가면 도움이 된다. 인터뷰를 통해서 동문은 학생의 인격, 생활태도, 최근의 뉴스에 대한 인지도, 창의력, 읽은 책, 현재 읽고 있는 책의 내용과 느낌, 비평 등 모든 것을 체크한다.

희원이는 줄리아드 예비학교를 다닌다고 했더니 좋아하는 피아노곡을 연주해 보라고 해서 아주 부드러운 분위기에서 인터뷰를 하였다고 한다.

희라의 친구 케롤은 공부도 우수하고 SAT 점수도 1580점을 받았고, 줄리아드 예비학교에서 바이올린을 공부하였으며, 모든 면에서 우수하여 주위 사람들이 하버드에 합격할 학생이라고 믿고 있었다. 선생님, 부모님은 물론 본인도 자신만만하였다. 나는 케롤을 보면서 하버드에 갈 수 있다니 얼마나 좋을까 하고 부러워하였었다. 그런데 학교성적이 케롤만 못한 희라는 하바드에 합격하고 케롤은 불합격하였다. 평소에 케롤은 하버드에서 나같은 사람을 안 받아주면 하버드 대학이 손해라고 하며 교만한 태도를 보였었다. 나는 캐

롤이 인터뷰에서 나쁜 점수를 받았을 것이라는 생각이 든다.

인터뷰가 끝나면 동문은 종합적인 평가서를 대학입학 선정 사무실로 보낸다.

6. 에세이(Essay)

에세이를 잘 쓰는 것은 가장 어려운 과정 중의 하나이다.

다음의 "에세이는 어떻게 써야 하나?"를 참고하기 바란다.

위의 6가지 과정 중에서 어느 것은 더 중요하고 어느 것은 덜 중요하다고 말할 수 없다.

어느 것 하나 중요하지 않은 것이 없다.

에세이는 어떻게 써야 하나?

미국 대학 입시에서 에세이가 차지하는 비중은 우리가 생각하는 것보다 훨씬 높다.

대학 당국이 학생의 성적은 물론이고, 사람 됨됨이와 지금까지 어떤 생각을 가지고 살아왔고 앞으로 어떤 사람으로 살아가기를 원하는지를 알고 싶어하기 때문이다.

미국의 대학교육은 리더쉽 교육이다. 인류의 발전을 위해 앞장설 수 있는 인재를 키워가는 것이 미국 교육의 목표다. 그러므로 일개인의 영화를 위한 이기주의, 수단과 방법을 가리지 않는 독선은 미국 사회에서 인정받지 못한다. 미국의 대학 당국은 수많은 에세이를 오랫동안 접해 오면서 이를 통해 학생에 대해 매우 정확한 평가를 하는 전문 심사위원단을 확보하고 있다.

에세이를 쓰면서 선생님이나 부모님, 선배, 친지 등으로부터 아이디어나 방법을 조언받는 것은 좋지만, 아예 제 3자에게 맡겨버린다면 이는 비교육적일 뿐만 아니라 지극히 위험하다. 노련한 심사위원들의 심사를 통해 낭패를 당하는 결과를 불러오기 십상이다.

나는 세 아이의 에세이 작성을 위해 서로 토론하고 아이디어를 나누었다. 이제부터 세 아이를 대학에 보내면서 경험으로 터득한 에세이 쓰는 요령을 구체적으로 정리해 보기로 하겠다.

첫째, 무엇을 주제로 삼을 것인가를 결정하는 것이 중요하다.

주제를 선택할 때 자기를 잘 아는 많은 사람과 의견을 나누며 가능성 있는 자신의 모든 것을 털어놓고 상의한다. 평범하다고 생각한 나머지 이를 모두 빼면 남는 것이 없다. 본인은 평범하다고 생각하지만 보는 시각에 따라 빛나는 진주가 번득이고 있을 수 있다. 남과 다른 것만이 특별한 것은 아니다. 깜짝 놀랄 만한 일에만 집착하지 말아야 한다는 말이다.

둘째, 그 주제를 어떤 식으로 표현하는 것이 가장 좋을까를 생각하며 항상 메모해 두는 습관을 갖는다. 나열식의 지루한 표현보다는 인상적인 표현으로 주제를 생생하게 그려야 한다. 라디오를 들을 때보다는 TV화면이 더 인상적이지 않겠는가?

셋째, 추상적이거나 일반적인 이야기 보다는 나만의 경험이나 모습을 드러내는 것이 좋다. 나를 알리는 글이 되어야 하기 때문이다.

넷째, 한정된 분량 안에 내용을 압축하려면 일화를 인용하는 것도 좋은 방법이다. 그러나 자신이 충분히 이해하지 못한 일화를 드는 것은 오히려 손해가 되니 주의해야 한다.

다섯째, 글의 첫줄이 아주 중요하다. 그 첫 줄에서 글의 수준과 방향, 쓰는 사람의 체취가 드러난다. 첫줄에서 관심을 끌지 못하면 끝까지도 관심을 끌어내기 힘들다.

여섯째, 글의 마지막을 인상적으로 정리해야 한다. 평범한 서술식 표현으로 마지막 대단원을 흐트러뜨리는 일이 없도록 해야 한다.

일곱째, 처음과 끝을 강조하되, 중간이 허술한 느낌을 주지 않도록 주의해야 한다.

여덟째, 다 써놓은 문장을 읽어보고 중복된 내용이나 표현이 없는지, 군살을 제거한다. 희라의 에세이는 희원이, 희민이까지 동원하여 문법과 철자법을 고치고 내용과 글의 유연성에 만전을 기했다. 최종적으로는 학교의 영어 선생님께 검토를 받은 후에 대학에 제출했다.

희라가 하버드 Early Action에 제출했던 에세이를 참고하기 바란다.

Application Essay

Ever since my family came to America from Korea $6\frac{1}{2}$ years ago, our favorite meal consisted of hamburgers and French fries. Our best days were when we all went out to the McDonold's. At the age of twelve, my dream was to have my parents own a McDonold's so I can eat however many Bic Mac's I wanted. On one Sunday afternoon, as usual, we headed for the McDonold's. But this time, my mother stayed home with my little brother who was taking a nap; it has been two months in America, and he has never missed a trip to McDonold's.

The Bic Mac was my favorite while my sister and my father preferred the Fish Fillets; the French fries were necessity for all of us. My sister and I chose a table near a window looking out at the parking lot. Dangling our feet under the table, we waited for our father to arrive with the food. It was a crowded day, and we had to wait for a while. Finally, the food arrived. Taking bites of each other's sandwiches and munching fries by the handful, we quickly cleared the tray.

I wanted some more fries. So did my sister. We asked our father to buy us some more fries expecting him to get them for us as he always had. However, this time, he told us to buy them ourselves. Immediately, both of us protested and told him that he knew we could not get a word across to any Americans. Yet, he insisted. We must learn someday to order fries for our selves, he said. I firmly answered, "No, I don' t want to." Because of our continuous refusal, he told us that we can only eat them if we bought them ourselves. I wondered why he always puts us in such difficult situations. I really wanted the fries and so did my sister. Being the older sister, I promised to say the order as long as my sister came along with me. Father told me what to say, and I repeated it several times under my tongue.

We waited in the line, still complaining about our father and his stupid ideas. "What if they don' t understand what I'm saying?" I asked my sister. She said, "It's ok if she doesn't understand because our father is over there and he can come order for us."

As I faced a lady in a striped shirt looking down at me and mumbling something to my face, I said what my father told me to say, "Two French fries, please." What I said seemed to be wrong because she said something and looked at me as if she wanted me to say something back to her. "Two French fries, please," I said again, louder this time. Again, she mumbled something and looked at me. I looked at my sister who looked as scared as I did. I asked her what I should do. She told me that may be the lady did not understand me. One more try, I said to myself. This time, I articulated each word clearly and slowly. But I must have been saying it all wrong because the lady did not give me the French fries. I turned back to find my father but all I could see was a long line of people waiting behind me. I burst out crying and left the counter in search of my father. My sister also started to cry and followed me.

I saw Father sitting at the same table, watching us rush toward him. He wanted to know what had gone wrong. I was as embarrassed and frustrated as I was angry at him forcing us. My sister blamed him also, telling him that he should not have made me say "Two French fries." He said, "Don't worry, Heela. She probably wanted to know your name because you were so cute." and he stood up to walk toward the counter. While wiping my eyes, I glanced over to see what he was doing. He was talking and laughing with the lady. As soon as he turned back with two French fries in his hand, I turned my head and pretended to be observing the view outside. I could hear him laughing as he walked over.

I was insulted. The lady merely wanted to know if we wanted small or large French fries. That was all? I wondered. But she sounded so complicated. On the way home, in my humiliation, I thought I would never set a foot in the McDonold's again and would never eat French fries until my English was perfect. Yet, my love for Bic Mac's and French fries overpowered my humiliation. I soon found myself asking my father to take us to the McDonold's, and before I knew it and to my surprise, I was ordering an entire meal for my family.

참된 교육

기러기 아빠

어느 날 "기러기 아빠들의 모임"이라는 데서 나의 자문이 필요하다며 초청장이 날아왔다. 나는 처음에 모임의 타이틀만 보고는 문학을 하거나 여행을 하는 예술인들의 모임인 줄로 알았다. 내용을 자세히 읽어보고는 이 세상에서 대한민국에서만 존재하는 "신 이산가족"의 현상에서 오는 아빠들의 모임이라는 것을 발견하고는 다른 약속을 다 미루고 그 모임에 참석했다. 기러기 엄마들도 몇 명 눈에 띄었다.

나를 초대한 종수 아빠는 약 1년 전에 중학교 1학년짜리 아들을 데리고 아내가 미국으로 떠났는데 영어를 제외하고는 성적이 우수하니 미리 준비를 하면 아이비리그 대학을 바라볼 수 있지 않겠는가라고 했다. 1년간 혼자 살아온 남자치고는 옷차림이 깨끗했다.

종수 아빠는 아내와 아들을 미국에 보내고 부모님 집으로 들어가 살 수 있었던 운이 좋은 기러기 아빠였다. 아내가 대학원에 들어가는 바람에 종수가 공립학교에 합법적으로 다닐 수 있었던 것도 운이었다.

진주 아빠는 5학년짜리 딸 진주와 3학년짜리 진성이를 데리고 아내가 여행비자로 미국에 들어갔다가 1년간 살다 돌아온 경우이다. 미국에 들어갔다가 6개월 비자 연장으로 1년간 미국에 체류하면서 미국 천주교에서 운영하는 조그만 사립학교에 다니다 돌아왔다. 아내와 1년간 별거하던 기간보다 아내와 아이들이 돌아온 후에 이혼을 요구하는 아내와의 갈등, 또한 1년간 미국을 알고 돌아온 아이들이 한국 학교에 대해 불평하면서 한국에 적응하지 못하고 다시 미국으로 보내 달라고 조르는 아이들의 요구를 어떻게 해결해야 할지 그것이 더 고통스럽다고 했다.

한국에서 무역회사를 경영하는 박지성 씨는 로스앤젤레스(LA)에 회사 지사를 차려 놓고 두 아이들과 아내를 보낸 지 3개월이 지났다. 처음 한 달은 결혼한 지 12년이 된 아내의 잔소리를 듣지 않게 되어 아내 없는 생활이 오히려 자유롭게 느껴졌다. 한 달이 지나고 세월이 흐를수록 아이들과 아내에 대한 그리움으로 아무런 생활의 즐거움도 못 느끼고 무기력 상태에 빠져 있다. 더욱이 학비와 생활비를 보낼 때마다 사업이 부진한 요즘 바늘방석에 앉아 있는 느낌이라고 했다.

큰 회사의 중요한 자리에 있는 지영이 엄마는 비교적 안정된 기러기 엄마였다. 결혼 전에 못다 끝낸 박사학위를 한다고 남편이 지영이를 데리고 미국으로 떠났다. 지영이 엄마는 혼자 살면서 남편과 지영이의 생활비만 보내 주면 되었다. 남편의 학비는 장학금으로 해결되었고 지영이는 아빠의 학생 비자 덕분에 아빠 대학 근처의 공립 학교에 들어갈 수 있었다.

준수 아빠는 3년 전에 아내가 중학교 3학년짜리 아들과 중학교 1학년짜리 딸을 데리고 미국으로 떠난 기러기 아빠다. 3년간 아이들의 학비와 생활비를 대느라고 준수 아빠는 기진맥진한 상태이다. 오는 9월에 12학년이 되는 준수는 대학에 입학원서를 제출해야 하는데 여행비자로 한국을 떠났기 때문에 지금은 불법체류자 상태이다.

지금까지는 엄마가 조그만 아파트에서 아이들과 같이 살면서 걸어서 다닐 수 있는 교회 부설 사립학교에 다니고 있었으므로 생활비와 학비가 크게 들지 않았으나 앞으로 준수가 대학에 들어가면 준수의 대학 학비와 아내와 준수 동생의 생활비, 학비를 보내야 하므로 지금보다 돈을 두 배로 보내야 한다. 대학에서 영주권자나 시민권자가 아니면 특별한 경우를 제외하고는 정부 보조금이나 장학금을 받을 수가 없다. 준수 엄마는 가정 경제에 조금이라도 보태야 된다며 한국 식당에서 야채 다듬는 일을 하고 있다. 한국에서 명문대학을 나온 준수 엄마는 불법체류자 상태이면서 영어 또한 못하기 때문에 미국에서 정상적인 직장을 구할 수가 없는 상태이다. 더욱이 준수는 한국의 병역문제가 걸려 있고 불법체류 상태가 되어 한국에 들어 올 수가 없다. 미국에서 불법체류 상태가 되었던 기록이 있으면 준수가 한국에 돌아와서 군대 복무를 마치고 미국에 정식으로 대학 유학을 가고 싶어도 비자를 받을 수가 없다. 가족이 그리울 때면 준수 아빠가 1년에 몇 번씩 미국에 다녀온다면서 이 복잡한 문제를 어떻게 풀어가야 할지 앞일이 막막하다고 했다.

몇 명의 기러기 엄마들의 표정은 대체로 안정되어 있는 것에 비해 기러기 아빠들의 모습은 어깨가 축 늘어지고 옷차림은 후줄근하며 얼굴에는 윤기가 없고 눈의 초점은 방향을 잃은 모습이었다. 조건이 괜찮다는 종수 아빠도 내가 말을 시키면 간혹 엉뚱한 대답을 하며 먼 산을 바라보기도 했다.

기러기 아빠와 엄마는 대체로 3가지 부류로 구분할 수가 있었다.

1. 가족이 외국에 살던 경험이 있거나 부모가 외국 유학 경험이 있

어서 미국의 교육을 잘 알 경우, 가족 합의하에 엄마나 아빠가 아이들을 데리고 유학을 떠난 경우.

2. 미국은 잘 모르나 아이가 아주 우수하여 장래희망이 보이는데 이곳의 입시지옥에서 벗어나게 하여 세계인으로 키우려는 설계를 하고 떠나는 경우

3. 경제적으로 돈은 많지만 한국에서 공부는 잘 못하고 무작정 아이와 엄마가 들떠서 미국으로 가면 혹시나 무지개를 잡을지도 모른다는 생각과 적어도 영어는 건져 올 수 있다는 생각을 갖고 계획 없이 떠나는 경우

바다를 건너서 나라를 바꾸어 살아간다는 것은 그렇게 간단하고 쉬운 일이 아니다. 오랫동안 살아온 모국의 문화와 환경, 그리고 언어가 극적으로 변하고 그 동안 쌓아온 경험과 경력 또한 불모지 상태로 바뀐다. 미지의 세계에서 부부가 힘을 합치지 않고 혼자의 힘으로 아이들의 교육을 새로 설계한다는 일은 인간의 인내심으로는 한계를 느낄 만큼 어려움에 부딪칠 때가 많다.

부부는 한 이불 속에서 돌아만 누워도 남이라는데 더구나 바다를 사이에 두고 멀리 떨어져서 어려움에 시달리다 보면 가정이 무너지는 사태까지 벌어지는 경우가 있다. 나는 그러한 경우를 주위에서 여러 번 보았다.

유태인 중에는 부부가 젊었을 때 열심히 돈을 번 후에 아이를 낳고 아이가 생긴 이후로는 부부가 모두 퇴직하여 아이의 교육만을 위해 노력하는 가정도 있다. 한국의 젊은 부부에게도 이러한 현상이 서서히 나타나고 있다고 한다.

이러한 가정상태도 바람직한 것은 아니다.

자식을 키우는 동안에는 부모가 사회에 참여해서 열심히 일하는 모습이 이론적인 교육보다 더 큰 의미를 지니고 있기 때문이다. 할 수만 있다면 가족이 함께 해외로 떠나야 한다.

아이들은 양쪽 부모가 함께 키워야 한다.

아이들을 키우는 동안 바로 그때가 인간의 삶에서 최대의 행복을 누리는 시기이다.

남편이 먼저 미국으로 떠나고 세 아이들을 데리고 혼자 약국을 하며 남편의 학비를 보내던 때가 나의 인생에서 정신적으로 가장 고통스럽고 힘들었던 시기이다.

엄마 아빠와 일주일에 5일간 저녁식사를 함께 하면서 성장한 아이들 중에는 문제아가 현격하게 적다는 통계가 있다(Real Boys 중에서, William Pollack 지음).

한쪽 부모 밑에서 자란 아이가 조국의 뿌리도 내려지지 않은 상태에서 겉으로만 다른 나라의 문화에 길들여지면 정신적으로 국제적인 미아가 되어 고향 없는 사람처럼 정서가 불안정하게 된다. 고향이 없는 사람들의 삶이란 육체가 안주할 집이 없는 것처럼 정신이 쉬어야 할 곳이 없어 인생의 방랑자가 되는 것이다. 인생이란 가정이라는 배를 타고 가는 긴 여정이다. 기러기 가족들은 부부가 두 개의 배에 아이를 나눠 태우고 세상이라는 험난한 바다를 향해 노를 저어가는 것이다.

부부가 배 하나에 아이들을 태우고 한 목표를 향해 함께 항해해야 한다. 부부의 힘은 1+1=2가 아니고 1+1=2+α이다. 부부가 뜻을 합치면 알파라는 힘이 생긴다. 내가 아이들 교육에 성공할 수 있었던 것은 내 곁에 항상 격려를 아끼지 않는 남편이 있었고 세 아이들과 우리 부부, 온가족이 힘을 함께 모았기 때문이었다.

우리 아이들은 아이들이 우수해서가 아니고 남편과 내가 힘을 모아 돌보았기 때문에 하버드와 MIT에 갈 수 있었다고 본다. 자녀교육의 궁극적인 목표는 성공이나 실패라는 두 개의 개념으로 단정할 수는 없는 문제이다. 그러나 미국의 엘리트 그룹 대열에 끼어 세계인들과 어깨를 나란히 하고 열심히 공부하고 일하는 나의 세 아이들의 모습을 바라보면 나의 마음이 한없이 평화로워진다.

"잘된 자식이 내 집 문지방을 드나드는 모습을 바라보는 것이 내 노후의 가장 큰 즐거움이다."라고 말한 중국의 석학 임어당의 말을 실감케 한다.

나는 기러기 아빠들의 모임을 끝내고 돌아서는 아빠들의 뒷모습을 바라보며 기러기 아빠 엄마들의 자녀들이 모든 어려움을 극복하고 아무쪼록 성공의 대열에 설 수 있는 실력 있는 사람들로 성장하기를 기원했다.

영어교육 어떻게 해야 하나?

대한민국이 영어교육 문제로 들썩들썩하고 있다. 한마디로 말해서 영어회화는 단시일에 안 된다. 우리 아이들의 경우를 보면 그 당시 동양인이 전혀 없고 도시에서 떨어진 변두리에 살았는데도 희라가 영어에서 A를 받을 수 있을 때까지는 3년이 걸렸다.

"한 달 만에 영어회화 완성" 등 허무맹랑한 광고에 부모님들이 속을까봐 나는 항상 염려스럽다. 말이란 그 나라의 문화를 잘 이해하지 않으면 그 뜻이 잘 이해되지 않으며 그 말을 언제, 어떤 상황에서 써야 되는지 모르기 때문에 말만 배워 가지고는 그 효과를 빨리 얻을 수가 없다.

나이가 어릴수록 효과가 빠르다. 유태인들은 3세부터 세 가지 외국어를 가르친다. 그 힘이 쌓여 이스라엘이 지금처럼 부와 인재를 축적하고 있는 나라가 되었다고 본다. 너무 어릴 때 외국말을 가르치면 문화적으로 혼동이 온다고 사람들이 흔히 말한다. 나는 그 의견에 찬성하지 않는다. 한국에서 한국 부모와 24시간을 같이 지내는 어린 아이에게 외국말을 가르친다고 문화의 혼동이 온다면 그것은 부모가 부모의 역할을 잘 못한 탓이라고 본다.

우리 아이들은 어릴 때 한국을 떠나 미국에서 주로 살았는데 부모와는 한국말로 하고 편지도 한국말로 쓴다. 그들이 미국에 있을 때는 여러 나라에서 온 친구들과 섞여 공부하고 파티에서는 와인과

위스키를 마시지만 한국에 와서는 포장마차에서 떡볶이도 사먹고 희민이는 아빠와 같이 삼겹살을 곁들여 소주도 잘 마신다.

학교로 돌아갈 때는 한국 가요곡의 CD도 여러 장 사갖고 간다. 그들이 미국에서 더 오래 살고 교육도 미국에서 받았는데도 한국 문화에 익숙하고 더 친숙해 한다. 내가 한국에 돌아온 후에 아이들만 미국에서 사는데도 설날에는 떡국을 끓여 먹고 후식으로는 단팥죽을 쑤어 미국 친구들과 나누어 먹는다.

영어교육의 방법은 어렵지 않다. 노력하는 방법이 복잡할 뿐이다. 많은 부모들이 나는 영어 발음도 나쁘고 실력이 없어서 내 아이들을 가르칠 수 없다고 생각한다. 이것은 부모의 책임 회피이다. 엄마가 발음이 좋지 않더라도 아이에게 영어를 잘 할 수 있게 하는 방법과 자료가 얼마든지 있다.

단어보다는 문장을 외우게 하고 영어로 된 동화책을 읽히도록 한다. 일기장에 단어만 늘어놓더라도 영어 일기를 쓰게 하여 영어 선생님께 틀린 부분을 수정받도록 한다. 아울러 영어동화책을 보며 소리 내어 읽으면서 반복해서 쓰도록 시킨다. 그렇게 하다 보면 어느 날 혼자서 그 동화책을 외우게 된다.

실제로 그 나라에 갈 수 없더라도 비디오나 영화 등의 자료를 이용해서 그 나라의 문화를 접하게 하면 된다. 많은 엄마들이 아이 손을 잡고 와서 내게 묻는다.

"내 아이는 몇 달 배우면 미국 사람처럼 말할 수 있어요?"

영어교육은 영어로 말을 잘하는 것이 목표가 아니다. 영어로 교육을 받을 수 있고 토론할 수 있고, 쓸 수 있는 능력이 되도록 공부를 해야 한다. 미국 아이들도 영어시간을 제일 힘들어 한다. 우리나라 아이들이 우리나라 말을 잘 하는데도 국어에서 모두 만점을 못 맞고 논술에서 더 어려움을 겪는 것과 같다. 미국의 영어시간에는 초등학교 때부터 쓰기 공부를 시키기 위해 동화책을 읽고 독후감을 써내는 것이 숙제이다. 스스로 이야기를 만들어서 동화책을 만드는 숙제가 있다. 그림도 그리고 책표지의 디자인도 스스로 하고 바늘과 바느질 실로 꿰매어 책을 만든다.

영어는 학교나 학원에서 하는 것만으로는 잘 할 수가 없다. 엄마가 집에서 영어를 터득할 수 있는 모든 환경을 생활화할 수 있게 해주어야 한다. 대화로 된 동화책을 구해서 친구들과 집에서 연극을 시키는 방법도 좋은 방법 중의 하나이다. 실제로 내가 가르치는 아이 중에서 미국에 가본 적도 없고 한국에서만 영어공부를 한 6학년짜리 아이가 엄마의 지혜로운 지도와 본인의 노력으로 미국에서 몇 년간 살다가 와서 영어를 잘하는 아이보다도 영어 실력이 단단한 아이가 있다. 그 아이 손에는 항상 영어 동화책이 들려 있다. 이런 아이는 잘 설계해서 지도하면 미국의 명문대학에 도전해 볼 만하다고 생각한다. 엄마는 노력하지 않고 우리 아이가 영어 학원에 다니다 보면 언젠가는 영어회화를 잘 할 거라는 기대를 하면 안 된다.

영어는 철저하게 가르쳐야 한다.

영어회화를 잘 하려면 끈기 있고, 꾸준하게 외우는 길이 최선의 길이다. 첫째도 외워야 하고 둘째도 외워야 하고 셋째도 외워야 한다. 영어회화를 잘하는 데는 지름길이 없다.

아이들을 가르치며

- 참된 교육 -

세월이 흘러가고 있다. 때때로 내 귀에 세월이 흘러가는 소리가 들린다. 지나간 세월 동안에 만 가지 불안과 책임감이 지나가고 내 마음이 제자리에 놓이는 느낌이다. 실로 처음으로 느껴 보는 자유와 평화로움이다. 여름날 바람이 잘 부는 언덕 위에 올라 서 있는 느낌이다. 이런 마음의 평정과 맑은 정신의 순간을 놓치고 싶지 않다.

나는 내 나라에서 날개가 달린 것 같은 마음으로 영어 교육을 시작했다. 쓸모 있는 인간으로 남기 위해선 아이들을 가르치는 곳이 바로 내가 서 있을 곳인 것 같다. 나는 나의 일이 즐겁다. 꿈을 심어 줄 수 있는 아이들을 매일 만날 수 있기 때문이다. 나는 아이들을 볼 때면 내가 어린 아이로 돌아가는 느낌이다. 어린 시절의 추억은 귀중한 보고이다. 인간과 인간 사이의 참된 교류를 맛보게 하도록 가르쳐야 한다. 인간 부재의 교육은 어떠한 것도 가치가 없다. 간혹 교육이 잘못되어 성품이 삐뚤어진 아이를 보면 마음이 아프지만 나는 그들을 포기하지 않는다. 마음이 삐뚤어진 아이가 삐뚤어진 말대꾸를 하면 나는 더 성실하게 답변해 준다. 그들이 나에게서 사랑을 느낄 때까지.

이기적이고 자기중심적인 아이들이 의외로 많다. 법과 질서를 지키지 않았을 때 더 편하고 재미있고 또 지름길이라는 생각이 성장과정에서 기억 속에 남아 있으면 그들이 사회의 주인이 되었을 때 어떤 사회가 형성될 것인지 상상할 수가 없다.

우리는 도덕과 윤리는 쓸모가 없고 선과 악에 대한 혼란이 일고 있는 사회에서 살고 있다. 아이들의 잘못된 체험이 그들의 감수성에 터를 잡기 전에 아름다움과 사랑을 심어 주어야 한다. 미국의 좋은 식당에 가면 수저가 접시에 부딪치는 소리가 들리지 않는다. 그들은 아주 어릴 때부터 식탁 매너를 훈련받았기 때문이다.

우리나라 아이들이 질서와 예절을 잘 지키지 않는 것은 어른들의 잘못이다. 나는 아이들에게 영어뿐만 아니라 질서와 예절도 열심히 가르친다.

쇼펜하우어는 예절에 인색한 것은 어리석은 짓이라고 말하면서 다음과 같이 말했다.

"예절은 지혜로운 자가 하는 일이고 무례는 어리석은 자가 하는 일이다. 함부로 무례한 짓을 하면 상대방이 적으로 변한다."

질서와 예절은 아름다움이다.

독일의 시인 릴케는 "아름다움은 잠자는 자, 방심하는 자, 참여 의식이 없는 자에게는 그냥 스쳐 지나간다."고 했다. 아이들의 정신 세계를 하나의 영역으로 생각한다면 한국의 교육은 그들의 좁은 한쪽의 영역에만 집중적으로 교육시키고 있다. 아이들의 가능성은 그들의 정신 영역에 골고루 내재해 있음을 우리는 인식해야 한다.

나는 정성을 다해 아이들을 밝은 성품을 지닌 능력 있는 사람으로 양성하는 데 최선을 다할 것이다. 그래서 이곳에서 공부하는 아이들은 사물을 여러 각도에서 볼 줄 아는 안목이 트이도록 도와줄 것이다.

유태인들은 아이들에게,

첫째, 자기 정체성의 확실한 신념을 심어주고

둘째, 철저한 세계화 교육을 위해 어릴 때부터 2, 3개의 외국어

　　　교육을 시키며

셋째, 우수한 인재를 위한 재투자를 아끼지 않는다.

유태인들이 유럽과 미국에서 정치, 군사를 제외한 교육, 과학, 기술, 예술, 금융, 정보, 유통, 귀금속 등의 분야에 세계적인 네트워크를 갖고 있는 거대한 힘은 오랫동안 튼튼한 교육에 기초를 두어 왔기 때문이다.

영국의 경제사상가 슈마허(E. F. Schumacher)는 교육의 중요성을 다음과 같이 강조했다.

"경제 개발의 결정적인 요인은 기본적인 자원을 공급하는 것이다. 이 기본적인 자원은 자연이 아니라 인간, 즉 인간정신이다. 그러므로 인간의 교육이야말로 진정한 의미에서 모든 자원 가운데 가장 중요한 것이다. 즉, 교육이 모든 일의 근본이다. 모든 문제의 궁극적인 해답은 교육에서 구해야 한다."

우리나라의 사회문제는 교육의 결함에서 오는 것이 많다. 사회가 개발되고 발전하려면 정치가, 관리, 기업인, 그리고 주부들도 사회, 과학, 기술 분야에서 어떤 일이 일어나고 있는지 교육받아야 한다.

서구 문명사회는 교육에 많은 노력과 돈을 투자한다. 교육개혁은 의욕과 집념, 모든 지혜, 최대의 활력을 동원하여 이루어져야 한다. 문이 하나하나 열리듯이 아이들의 재능이 열리기를 바라면서 나

는 가르칠 것이다. 한국의 여러 가지 제도적인 제한 때문에 괴로울
때가 많으나 나는 아이들을 사랑하는 마음으로 이를 극복하며 내일
을 열어갈 생각이다.

일곱 번째 장

에필로그

삽날떼기
살며, 사랑하며,
쓴 에세이

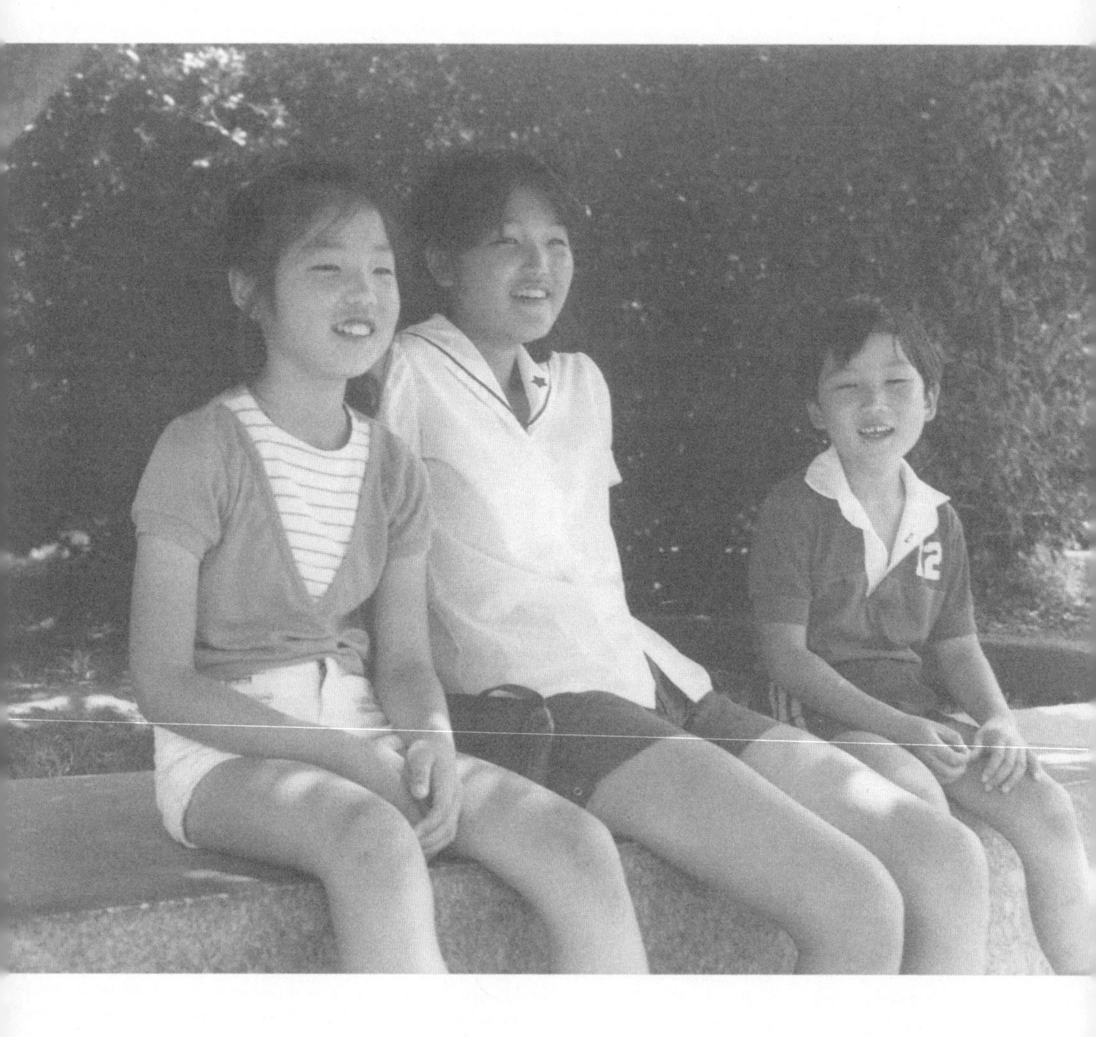

뿌리와 날개 (Roots & Wings)

큰 딸 양희라

내가 초등학교 6학년 때 우리 반 어떤 여자 아이가 "너는 앞으로 어느 대학에 갈거니?" 하고 물었다. 나는 그때 조금도 주저하지 않고 "하버드"라고 대답했다. 그때 그 친구는 이상하다는 듯이 나를 쳐다보며 "나는 서울에 있는 좋은 대학 어디든지 들어갈 수만 있다면 좋겠다."라고 말하였다.

그 친구는 내가 제정신으로 한 말이라고 생각지 않았음이 분명했다. 사실 그때 나는 하버드가 어떤 대학인지 전혀 모르고 있었다. 단지 엄마가 사다 준 어느 책을 통해서 학교이름을 그냥 알고 있었을 뿐이었다. 나는 평소 독서를 좋아 했는데, 그러다보니 엄마는 항상 많은 책 꾸러미를 집으로 가지고 들어오시곤 했다. 그 중 하나가 우연히도 하버드 학생들에 관한 이야기책이었다. 엄마는 내게 그 책을 건네주면서 그냥 지나가는 말로 "혹시 알아? 너도 언젠가는 하버드 대학에 갈 수 있을지…"라고 말씀하셨다.

그때 어린 나의 뇌리에 심어진 어렴풋한 기억 하나로 내 친구의 물음에 "난 하버드 갈 거야"라고 주저 없이 대답하였던 것이다.

바로 여기에 내 부모님의 인생관이 담겨져 있으며 이는 또한 나의 인생관이 되고 있다. 즉 높은 곳에 뜻을 두자, 우리가 높은 곳에 뜻을 두면 그것을 반 밖에 이루지 못하였다 하더라도 처음부터 낮은 곳에 뜻을 둔 것보다 더 많은 것을 이룰 수 있지 않겠는가?

　"우리가 우리 아이들에게 물려줄 귀한 유산 두 가지 중 하나는 '뿌리'이고 또 하나는 '날개'라는 것이다."라는 말을 언젠가 들은 적이 있다. 나에게 '뿌리'란 내가 가정에서 부모로부터 배운 가치기준에 관한 것이고, '날개'는 여러 곳에서 받았던 교육이다. 나는 어린 소녀로서 이 뿌리를 갖고 높은 곳을 향하였으며 이 날개를 갖고 내가 꾸던 꿈을 실현할 수 있었다.

　우리 가정을 지키고 이끈 위대한 스승은, 우리 부모가 있는 바로 그곳이었다. 그곳은 항상 긍정적이고 활짝 열려 있었으며 서로가 존중되는 평등한 분위기였다. 우리 부모님은 하루 일과에 지쳐 힘들게 귀가하는 날에도 웃음으로 넘치는 저녁 분위기를 잊지 않고 이끌곤 하셨다. 내 기억으로는 우리 부모가 한국에서 큰 고생 없이 살 때를 회상하며 상심해 하거나 후회하는 경우를 단 한 번도 본 적이 없다. 물론 우리들 앞에서만은 그랬다는 말이다. 바로 이 긍정적인 마음가짐과 행동이 우리들을 자신감으로 가득 찰 수 있는 힘이 되어 주셨던 것이다.

　내가 고등학교에 다닐 때의 일이다. 미국은 중고등학교 시절부터 많은 파티가 열린다. 친구들과의 파티에 간 나는 새벽 1시가 되어서야 집에 들어오는 일이 생겼다. 집에 돌아오자 걱정이 가득한 엄마가 잠을 자지 않고 나를 기다리고 계셨다. 그런데 당시 17살이었던 나는 나를 기다리고 있는 엄마를 보며 화를 내었다. "나도 어른이 다 되었는데, 아직도 어린애 취급하시는 거여요!" 엄마는 내가 엄마에게 감사를 표하는 대신에 화를 낸다는 사실에 깜짝 놀라셨다. 아빠는 "희라가 사춘기인 모양"이라며 나를 위로했다.

　며칠 뒤, 학교에서 돌아와 보니, 침대 위에 놓여 있는 편지 한 통을 발견하였다. 아빠가 쓰신 편지였다. 아빠는 편지에서 "희라가 얼마나 멋진 사람이며 희라 같은 딸을 가진 엄마는 얼마나 행운아인지, 그리고 엄마와 희라가 서로 좋은 친구라서 아빠가 얼마나 기쁜지"에 관해 씌여 있었다. 또한 "며칠 전 너의 행동은 '틀림없이' 너의 평상시와 다르며 너의 본 모습이 아닐 것"이라는 말도 쓰여 있었다. 나는 그 편지를 읽고서 바로 엄마에게 화를 낸 그날 일을 사과했고, 다시는 그날 밤과 같은 행동을 하지 않았다.

　가족간의 믿음과 신뢰는 어떤 야단이나 분노보다 더 강력한 통제력을 가지고 있는 법이다.

　가정 밖에서 부모님은 우리가 인생에서 더욱 멀리 날 수 있고 어려울 때는 시련을 힘차게 헤쳐 나갈 수 있는 날개를, 그것도 강한 날개를 키울 수 있는 곳으로 이끌어 주셨다. 미술학교에서 음악학교, 그리고 일류대학에 이르기까지.... 아이러니하게도 내가 여러 대학에서 받은 교육이라는 날개는 나에게 겸손함을 더한 자신감을 북돋아 주었다. 이 겸손함이란 끝없이 배우고 추구하는 바로 그런 겸손함이다. 대학교육을 통해 나는 배우는 방법을 알게 되었고 올바른 질문법을 배웠으며, 수많은 것을 찾아 이를 익혀 내 것으로 만드는 방법을 배웠다. 그리고 실상 나는 삶이란 다름 아닌 꾸준한 배움의 기나긴 여정이라는 단순한 사실도 깨닫게 되었다.

　또한 일류대학에서 공부했다는 것은 의무를 동반한 크나 큰 혜택이라는 사실도 점차 알게 되었다. 일류대학의 학위는 더 좋은 직업이나 고액의 봉급, 그리고 보다 편한 삶을 위한 간판이 아니다. 하버드대학 신학 교수인 피터 곰메스(Peter J. Gomes)는 언젠가 졸업하는 학생들 모임에서 이런 말을 한 적이 있다. "여러분들이 이제부터 해야 할 궁극의 목표는 그냥 살아가는 일이 아니고 가치 있는 삶을 살아가는 인생을 가꾸는 것이다."

지난날을 돌아보며 나는 위대한 교육이란 과연 무엇인가를 나 스스로에게 물어보곤 한다. 위대한 교육이란 곧 하버드와 같은 유명한 학교와 동격시하기가 쉽다. 그러나 나는 지금까지 가정에서 받았던 교육의 중요성을 그 어느 때보다도 실감하고 있다. 나는 부모들을 위한 히브리어의 'horim'이란 말을 좋아한다. 이 말은 스승이란 뜻인 'moreh'라는 뜻과 같은 어원에서 비롯된 것이다. 이 말의 의미는 그 뜻을 확실하게 하고 있는데, 이는 부모란 자녀가 이 세상에서 만난 첫 번째인 동시에 가장 중요한 스승이며 또한 스승으로 영원히 남는다는 의미이다.

오늘도 나는 나의 부모가 내게 심어준 가치관의 뿌리를 간직하고 다양한 곳에서 배운 교육의 날개로 보다 멀리 날면서 살만한 가치가 있는 인생을 가꾸어 나가고 있다.

나를 지켜주는 버팀목

양희원

　내가 미국에서 살면서 훌륭한 교육을 받을 수 있었던 것은 더할 나위없는 큰 축복 중의 하나였다. 세계 위대한 학자들의 훌륭한 강의를 몇 시간씩 들을 수 있었고, 전직 대통령이나 노벨상 수상자들이 거쳐 간 명문 하버드대 기숙사에서 동료 학생들과 밤새도록 열띤 토론을 할 수 있었으며, 무려 1,500만 권이 넘는 장서를 갖춘 하버드대 도서관의 그 넓은 도서 숲을 거닐면서 나의 젊은 시절 중 많은 시간을 보낼 수 있었다. 내가 사는 기숙사 모퉁이에 있는 박물관에는 세계적인 미술가 피카소나 로댕의 작품들이 걸려 있었으며, 길 건너 콘서트홀에 가보면 내가 줄리아드에서 만났던 사람들보다 한 차원 높은 음악가들의 모습도 볼 수 있었다.

　어느덧 내가 하버드 캠퍼스를 떠난 지 10년이 지났다. 나는 학부의 우등생 졸업학위를 받았다. 법학대학원(Law School) 학위까지 받은 후 나는, 내게 폭 넓은 지식과 삶의 지혜를 가르쳐 주신 스승님들과 끈끈한 동료들로 이루어진 인맥을 중심으로 현실세계로의 성공을 위한 힘찬 행군을 시작했다. 그러나 내가 살아오면서 내게 가장 큰 버팀목과 힘이 되어 주는 것은 아이비(Ivy)로 덮인 명문 하버드대학에서가 아니었다. 줄리아드에서도 그리고 그 외 어떤 최고의 곳에서도 아니었다. 지친 나를 일으켜 세우는 힘의 원동력은 우리 부모가 나와 내 형제들에게 베푼 따뜻하고 조용한 가정에서부터였다. 우리 부모님은 우리에게 진정한 의미의 인내와 겸손, 그리고 현실과 자기 확신을 가르쳐 주셨다. 부모님의 자녀교육법과 삶의 지혜는 그 어떤 책에서 볼 수 있는 이론서로서가 아닌, 솔선수범의 실질적인 행동철학과 교훈을 통해서라는 것을 나는 얼마 전 두 아이들의 부모가 되면서부터 더욱 절실하게 깨달을 수 있었다.

우리 부모님은 내가 자랄 적에 무엇을 잘못했다고 꾸짖은 기억이 없다. 내가 잘못으로 다른 사람의 자동차에 흠집을 냈거나 용돈이 든 지갑을 잃어 버렸거나, 혹은 학생인 내가 마돈나처럼 화려하게 꾸며 보거나 할 때에도 나의 부모님은 혼내거나 화를 내서 나를 바꾸려고 하시는 대신 내가 세상을 살아가면서 내적으로 성숙할 수 있도록 많은 도움을 주셨다.

나는 지금도 벼룩시장에서 25달러를 주고 사다 쓰던 올리브 그린 색의 소파(Couch)를 기억하고 있다. 그 소파는 때가 여기저기 묻고 찢어지기도 하였는데 서로 안 맞는 다른 가구들 가운데 끼여 우리 집 거실에 버티고 있으면서 당당히 제몫을 하는 모습이었다. 나는 이를 창피하게 생각해서 친구들이 우리 집을 방문해 올 때는 소파를 무엇으로라도 덮어 감추고 싶었다. 또 하나 내가 창피해 했던 일 중의 하나는 아빠가 찌그러진 폭스바겐 중고차(그것도 본인이 손수 페인트를 칠해 색깔을 바꾼)로 줄리아드에서 나를 픽업할 때였다. 그 차는 너무 작아서 언니의 첼로가 뒷자리에 겨우 뉘일 정도였다. 나는 이를 두고 가끔 아빠에게 불평을 하곤 했는데 그때마다 아빠는 "우리는 큰 부자인데 다만 그것이 눈에 보이지 않을 뿐이다"라는 말씀을 하시곤 했다. 나는 그때마다 어리둥절할 뿐 무슨 말인지 이해가 되지 않았다. 그러나 이제는 아빠가 말씀하신 그 의미를 제대로알 수 있을 것 같다.

내가 처음 미국에 도착한 지 얼마 되지 않아서인데 미국 선생님한 분이 날더러 김밥을 만들 줄 아느냐고 물어보셨다. 난 그때 아홉살이었는데 "물론이죠, 할 수 있죠."라고 자신 있게 대답했다. 나는전에 김밥을 만들어 본 적도 없거니와 누가 만드는 것도 주의 깊게지켜본 적이 없었으나 이를 만들 수 있다는 확신이 들었다. 아니나다를까 김밥을 만들기 시작하는 순간부터 쉽게만 생각했던 김밥 마는 일이 얼마나 어려운 것인지, 그리고 얼마나 부질없이 시간만 보내고 있었는지 어린 마음에 큰 고민이 아닐 수 없었다. 내게는 정말불가능한 일이었다. 하지만 이런 자신감은 내 부모가 나를 어려서부터 키우면서 붙여준 '할 수 있다' 라는 별명의 계기가 되기도 했다.이는 또한 지금도 내가 소중하게 가슴속에 지니고 있는 상징이기도하다.

어떤 위험이나 시련도 내 부모님의 의지를 절대 꺾을 수 없었다.부모님은 낯설고 냉혹한 미국 땅에서 오직 자녀들에게 더 나은 미래를 열어 주기 위해 자신들을 위한 모든 것을 포기했으며, 미국에서의 그들의 정열은 더욱더 뜨거워지기만 했다.

내가 어른이 되면서 '바로 이것이 자식들을 위해 부모들이 할 일이구나' 하는 생각을 갖게 되었다. 그 후 내가 아이들을 낳고 기르면서 되돌아보면 나는 그동안 참 잘못하고 있었다는 생각이 들곤 했다. 자식을 키우는 일이야말로 나에게 닥친 큰 숙제였다. 매일 매일아이들 키우면서 닥치는 일들은 나와 내 남편의 진을 쏙 빼놓을 정도이다. 어떨 때는 우리 자신들을 위한 생각을 접고 한 가정을 지켜가는 버팀목의 역할을 한다는 것이 사실상 불가능하다는 생각이 들 때도 있다. 나는 이 어려운 일을 낯선 외국에서, 그것도 변변한 재력의 뒷받침이 없이 이루어간다는 것은 상상조차 할 수 없는 일이다. 지금도 나는 우리 부모님이 살아오신 그 경외롭기만 한 그 삶을 하루도 잊지 않고 살아간다.

내가 인생을 살면서 큰 문제, 즉 내 아이들이 커서 미래에 어떤 인간이 되어야 할까? 등의 문제에 직면할 때면 나는 내가 하버드에서 받은 훌륭한 강의나 토론 또는 수많은 어떤 책을 떠올리지 않는다. 그보다 나는 올리브 그린색의 우리 집 낡은 소파, 그곳에서 가족과 둘러앉아 나누었던 부모님의 가르침, 그리고 가족의 끈끈한 사랑을 떠올리게 된다.

나에게 무한히 소중했던 그 무형의 자산을 나 또한 우리 아이들에게 물려주기를 희망한다.

우리집 거실을 빛낸 명작

양희민

내가 열한 살 때의 일이다.

어느 날 학교에서 집으로 돌아와 보니 어디에다 열쇠를 흘렸는지 집 열쇠가 없었다. 당시 중학교에 다니던 작은 누나가 귀가하려면 몇 시간을 밖에서 기다려야 할 판이었다. 나는 빨리 집에 들어가 운동화와 반바지를 꺼내 입고 친구들과 농구놀이를 할 생각으로 꽉 차 있었다. 안타깝게도 집밖 어딘가에 숨겨 놓음직도 했던 여분의 열쇠조차 없었다. 그래서 나는 누나가 귀가할 때까지 기다릴 것인지, 아니면 어떻게 해서라도 집안으로 들어가는 길이 없을까를 궁리하기 시작했다.

집 주위를 둘러보며 혹시 창문이라도 조금 열린 곳이 있지 않을까를 기대하면서 찬찬히 살펴보던 중 지하실로 통하는 좁은 창문이 잠기지 않은 채 닫혀 있음을 발견했다. 그러나 실망스럽게도 창문에는 덧문으로 설치되어 있는 방충망이 잠겨 있는 상태였다. 나는 잠시 머뭇거리다가 방충망을 찢어 창틀에서 떼어내어 지하실 구석 외진 곳에 안전하게 숨겨 놓았다.

며칠이 지나서 내가 거실을 지나치는데 평소 벽난로 바로 위에 걸려 있던 그림이 바뀌어져 있는 것이 아닌가?

아빠는 내가 지하실 구석에 감춰 놨던 찢어진 방충망을 발견하고는 이를 바로 내게 추궁하지 않고 그 그림을 방충망으로 대체해 놓으셨던 것이다. 내 부모는 나에게 잘못을 지적하거나 꾸짖거나 하지 않았다. 그러나 거실에 찢어진 채 걸려 있는 방충망의 모습을 볼 때마다 그 철없는 행동에 대한 내 마음속의 자책감이 나를 부끄럽게 했다. 이는 나의 솔직한 고백이다.

내가 자라면서 내 부모는 나에게 이렇게 해라 저렇게 해라 하는 간섭을 하지 않았다. 나에게 의사가 되거나 변호사가 되라고 한 적이 없다. 또한 엔지니어가 되라거나 대학원을 가라거나 한 적도 없다. 다만 내가 어떤 결정을 할 때 보편적인 방향 제시나 기본 원칙을 제시하여 내 결정 과정에 도움을 주려 하실 뿐이셨다.

부모님은 내가 솔선수범하며 생산적인 삶, 다시 말해서 긍정적인 삶, 자신감에 충만한 의식, 그리고 열심히 일하는 윤리의식을 지닌 삶을 사는 데 도움이 되는 기본을 나에게 가르쳐 주셨다.

미국에 이주하여 사는 많은 부모들처럼 나의 부모도 그들 자녀들의 더 나은 미래를 위해 열심히 일하셨다. 내가 성인이 된 지금 되돌아보면 내가 오늘날 이렇게 되기까지 가장 중요하고 기본이 되는 면학분위기나 이에 맞는 환경을 만들어주기 위해 내 부모가 얼마나 많은 희생을 했는지를 생각하면 그저 감탄스럽고 존경스러울 뿐이다. 그들이 일에 쏟아 부은 수많은 시간, 일터에 오고간 엄청난 출퇴근 거리, 그리고 성공을 위한 일념, 이러한 것들이 모두 나에게 열심히 일하는 근면한 윤리의식을 심어주는 밑거름이 되었다. 이것이 바로 우리 부모가 마련해 준 좋은 기회를 최대한으로 활용할 수 있는 힘이 되었다. 그러나 한편으로 생각해 보면 내가 더욱 감명 깊게 느낀 것은 바로 부모님께서 가정에서부터 이런 긍정적인 환경을 만들고 가꾸는 데 역점을 두었다는 점이다. 부모님은 인생에서 긍정적인 인생관을 갖는 것이 매우 중요함을 강조하셨다. 결과적으로 지나고 보니 어떤 도전에서도 긍정적으로 임하는 마음가짐은 얼마나 중요한가를 실감하지 않을 수 없다.

나의 부모는 나에게 전혀 스트레스를 느끼지 않는 환경을 최선을 다해 만들어 주었다. 내 기억에는 무엇을 하지 말라는 말을 거의 들어 본 적이 없다. 물론 종종 비디오 게임을 하지 마라, TV 보지 마라, 다시는 창문 뜯고 집에 들어오지 마라... 등의 말을 듣곤 했지만, 그러나 중요한 일들의 처리에 있어 자식의 판단에 대한 굳은 신뢰로 항상 나 스스로의 결정에 모든 것을 맡기셨다. 부모님은 내가 무엇이든지 잘 해낼 수 있을 거라는 믿음을 가지고 계셨다. 나 또한 나 스스로를 믿고 내 꿈을 펼치는 데 두려움 없이 임할 수 있는 충만한 자신감을 키워 나갔다. 나는 부모님의 내 능력에 대한 믿음, 그리고 나의 판단력에 대한 신뢰가 기본적으로 나를 존중하는 깊은 마음에 연유하고 있다고 믿는다.

우리가 자랄 때 저녁식사 시간은 학구적인 강좌나 정치에 관한 이슈 또는 철학적인 대화를 곁들인 시간이었다. 물론 청년인 나와의 토론은 지식 면에서 균형이 잘 맞지 않기도 했지만, 그럼에도 내 부모는 내 의견을 존중한다는 것을 나는 알고 있었다. 이러한 신뢰감은 내 자긍심을 더욱 키워 나가는 데 크고 많은 힘이 되어 주었다.

찢어진 방충망 사건이 있은 후 며칠 지나서 우리 온 가족이 한자리에 둘러앉아 저녁식사를 하게 되었다. 어느 부모나 다 그렇듯이 우리 집에서도 음식을 남기지 않고 깨끗이 비우도록 말씀하셨다. 그런데 그날 저녁식사 때 작은 누나가 밥을 남긴 채 안 먹겠다고 고집을 부렸다. 아마도 공부를 해야 할 과제가 많아서였을 것이었다. 부모님은 하는 수 없이 그렇게 하라고 하셨다. 순간 나는 부모님께 항의성 제안을 했다. 작은 누나가 남긴 밥 접시도 또한 벽난로 위 벽에 걸어 스스로의 잘못을 상기시켜야 될 것이 아니냐고...

우리 부모님은 큰 소리로 웃으면서 즉시 거실 벽 한복판에 걸려 있던 찢어진 방충망을 떼어 냈다.